FRIEDERIKE HÜBNER

Knoblauch, Kunst und Kindheit
in Prag

FRIEDERIKE HÜBNER

Knoblauch, Kunst und Kindheit in Prag

EUGEN SALZER VERLAG HEILBRONN

Vierte Auflage 1985
© Eugen Salzer Verlag Heilbronn 1975
Alle Rechte vorbehalten
Umschlaggestaltung: György Lehoczky
Satz: G. Müller Heilbronn
Druck und Einband: Wilhelm Röck Weinsberg
ISBN 3 7936 0095 5

Rund um den Wenzelsplatz

Frau Absolonová war die Hausmeisterin des großen, fünfstöckigen Hauses in der Skretagasse. Sie war Tschechin, ein Weib strotzend von Kraft, Busen und Neugier. Das weiträumige Stiegenhaus mit der breiten, steinernen Wendeltreppe war ihr Thronsaal; hier residierte sie königlich und souverän. Vor allem, wenn sie mit einem Eimer voll duftender Seifenlauge und einer Kehle voll seelenfeuchter Lieder die Stiegen reinigte. An diesem Tage befriedigte sie ihren Wissensdurst. Der war unersättlich: nicht genau zu wissen, was in diesem Hause vorging, war für Frau Absolonová unvorstellbar. Deshalb kam an ihrem Eimer niemand vorbei, wenn sie es nicht wollte: »No, was is – sehens nicht, daß ich hier wisch? Werden schon missen wartn mit Ihre dreckige Fieß!«

Man stand ergeben vor dieser Schranke aus Fleisch und Lauge – und genau das wollte sie.

»Nicht, daß Sie glaubn, ich bin neigierig, ich mecht nur wissn: wer war gestrn das blonde Frollein, wo is so spät von Ihne weggegangen? Echt is das ja nicht, das Blond – mich gäht ja nix an, abr fein is das nicht, so spät weggehn und mit gefärbte Haar...«

Frau Absolonová steht in ihrer typisch tschechischen Originalität so unüberwindlich auf den Stufen meiner Erinnerung – man kommt an ihr einfach nicht vorbei, wenn man von Prag erzählen will.

Prag – du wahrhaft goldene Stadt! Wer dich in den Jahren bis 1939 erlebt hat, hält nur Goldkrümel in dem Sieb dieser Vergangenheit. Du warst wie eine Geliebte mit vielen Gesichtern; jeden, der dich kannte, hast du verzaubert. Du warst vital und modern, altmodisch und romantisch, zugleich wach und verträumt, großzügig und spießbürgerlich, oft voll innerer Unruhe, die sich immer wieder auflöste in souveräne Gelassenheit.

Und Prag – du Stadt der Wohlgerüche! Doch roch nicht jedem alles wohl, was da duftete. Denn in die liebliche Mischung von Jasmin, Flieder, Lindenblüten und köstlichem französischem Parfum drängte sich immer wieder der Geruch des Knoblauchs. Wen das störte, der war ein Fremder. Blutleer, ahnungslos, dieser Geliebten unwürdig.

Vital und modern – das war vor allem der Wenzelsplatz, das pulsierende Herz der Stadt. Es ist eigentlich kein Platz, sondern eine breite, leicht ansteigende Straße.

Oben steht dominierend das große Museum. Darunter das Denkmal des heiligen Wenzel. Dieser Herr auf seinem Pferd sieht genau so stupid heroisch aus wie alle Nationalhelden in Stein. An besonderen Feiertagen wurde er bekränzt, alltags von Liebenden als Treffpunkt benutzt, und gelegentlich prügelten sich Deutsche und Tschechen in chauvinistischer Leidenschaft um ihn herum – beides ignorierte er als kühler Beisitzer in steinerner Heiligkeit.

Nachts hatte er auf seinem Platz eine besondere Spezialität anzubieten. In den zahlreichen Imbißstuben, die die ganze Nacht geöffnet waren, gab es »Topinky«. Das ist geröstetes Brot, dick mit Knoblauch eingerieben und mit Schmalz bestrichen. Es stinkt ungemein und schmeckt köstlich. Wenn man es aß, hatte man die Finger voll Fett und den Kopf voll sprühender Gedanken – nach einer durchtanzten Ballnacht war dies ein wahres Lebenselixier und gab den Diskussionen im Morgengrauen Saft, Kraft und Atmosphäre. Zur elitären Duftnote von Prag gehörten auch die vielen kleinen Selchereien auf dem Wenzelsplatz und in allen seinen Nebenstraßen. Der Geruch frisch geräucherter Würste – und wieder Knoblauch, Knoblauch aller Orten...

Jeder Prager hatte seinen Stammselcher und schwor darauf, daß dieser und kein anderer die besten Würste herstelle. Die Werturteile in dieser geselchten Wissenschaft gingen weit auseinander. Vater gehörte zu den gehobenen Wurstwissenden, Dilettanten empörten ihn: »Stell dir vor, da kauft doch der Doktor Novotny seine Knak-

7

ker beim Zajitschek – der muß Hornhaut auf der Zunge haben! Knacker kann man doch nur beim Koula kaufen!«

Das zu jeder Mahlzeit gehörende Bier wurde in Prag nur frisch vom Faß getrunken. Bier in Flaschen wäre von jedem Prager als impotentes Gesöff verächtlich abgelehnt worden. In jeder Straße gab es ein »Baisel«, wo das frische Bier geholt wurde. Die Köchinnen mußten jeden Abend mehrmals den Weg des vielen Bieres gehen. Sie waren einsichtsvolle Wesen, voll Verständnis für den Durst ihrer Herrschaft. Wenn Gäste kamen, stieg die Höhe des Trinkgeldes mit dem Ausmaß des Durstes – das wußten sie. Ihre Bierwelt war in Ordnung.

Zu dem Bild auf dem Wenzelsplatz gehörten auch die wohlgerundeten Slovakinnen mit ihren farbenfrohen Trachten. Sie trugen viele leuchtend bunte Röcke übereinander, dazu weiße, reichbestickte Blusen und große, weiße Spitzenhauben und boten in großen Körben hausgemachten Ziegenkäse an, den sie melodisch und lautstark anboten.

Dieser singende Einzelhandel war theoretisch verboten, und so tauchte immer wieder ein gehorsam strenger Polizist auf: »Das ist nicht gestattet – verschwinden Sie mit Ihrem Stinkekäse, aber schnell!«

»Kümmern Sie sich lieber um die Diebe – ich mach ja nichts, ich steh ja nur...«

Aber sie ging. Voller Protest ergriff sie ihren Korb, ließ ihre Röcke aus zorniger Hüfte um sich schwingen und beobachtete dabei genau, welche Richtung der Polizist einschlug. Sowie er ihren Blicken entschwunden war, setzte sie ihren Korb wieder ab: »Käääse, meine Damen, frischer Käääääse!«

Dieses Spiel wiederholte sich immer wieder, ohne die Beteiligten in ihren gegensätzlichen Absichten zu irritieren. Man nahm Verbote in Prag nicht ernst. Ordnung war Käse...

Auf der Kleinseite und in der Altstadt war alles anders. Schmale, winkelige Gassen, schmuddlige, aber oft sehr romantische Hinterhöfe.

Viele Häuser hatten einen viereckigen Hinterhof, und in jedem Stockwerk mündeten die Türen der Wohnungen auf einem rund um den Innenhof laufenden Balkon, genannt »Pawlatsch«. Da standen die Hausfrauen und tratschten miteinander, da hängten sie ihre Wäsche auf oder lauschten verzückt einem Hofsänger, für den diese Höfe akustisch ideal geeignet waren.

Alle Geräusche und Temperamentsausbrüche drangen aus den Wohnungen über die Pawlatsch in die Ohren der Nachbarn, balkanesisch laut und abwechslungsreich, es war ein Zusammenleben ohne Geheimnisse. Man brauchte sich für das blau geschlagene Auge keine Ausrede auszudenken, weil alle wußten, daß die Faust dem Ehemann gehört hatte.

Das romantische, verträumte Prag fand man in der Altstadt. Vor allem nachts schien es hier keine Gegenwart zu geben. Die wenigen Straßenlaternen warfen ein kümmerliches Licht auf das buckelige Straßenpflaster – man kam sich vor wie in einem vergangenen Jahrhundert.

Ein Paradies für ein phantasiebegabtes Gemüt! Die kleinen, urgemütlichen Lokale, die stillen, ein wenig unheimlichen Plätze, Stiegen und Winkel, und oben auf der Höhe der Hradschin…

Wenn man als junger, empfindsamer Mensch mit einem Seelenproblem allein sein wollte – hier fand man die ideale Kulisse. Alles Alltägliche, Kümmerliche verlor sich in dem weiten Blick über das nächtliche Prag, und die schwarze Moldau war wie ein dunkles Band zwischen den Welten des Traumes und der Wirklichkeit. – Besonders liebte ich den Heimweg über die lange, alte Schloßstiege, die vom Hradschin herunterführt. Sie war mir vertraut und doch voll lauernder Bedrohungen. In ihrem spärlichen Licht erschreckte einen jede Katze – vielleicht miaute da ein historischer Geist? Oder lauerte hinter einem Mauervorsprung ein sehr lebendiger Schurke? Ich zitterte immer ein wenig, wenn ich die düstere Schloßstiege herunterging, aber bei aller Angst war ich doch fasziniert von ihrer Unüberschaubarkeit.

Mein Vater war ein wandelndes Geschichtsbuch. Er wußte wirklich alles über Prag und verstand es, bei Spaziergängen durch die alte Stadt immer wieder etwas historisch Wichtiges zu erzählen. Meinem kindlichen Ohr klang all das wie spannende Märchen.

Besonders beeindruckten mich die tragischen Geschichten; sie fügten sich so passend in diese romantische Umgebung ein. Ich sah sie alle leibhaftig vor mir, die Gefolterten, Gequälten und Ermordeten: den geigenden Dalibor in seinem finsteren Gefängnisturm, den erstochenen

Grafen Waldstein in seinem schönen Palais – die Schicksale vermischten sich in mir mit den schwermütigen Liedern der Frau Absolonová. Es war alles so wunderbar ergreifend für mein sensationslüsternes Kindergemüt.

Die Prager Deutschen waren etwas dünkelhaft und meinten, sie seien den Deutschen, die in den Randgebieten Böhmens und Mährens wohnten, an Bildung und Kultur weit überlegen. Die anderen waren die fleißigen Handwerker und Landleute – sie aber waren die geistige Elite.

Mein Vater sagte oft: »Vergiß nie, daß die erste deutsche Universität im Jahre 1348 von Kaiser Karl IV. in Prag gegründet worden ist und daß hier, auch von ihm, die neuhochdeutsche Sprache festgelegt wurde.« Deshalb sprächen die Prager Deutschen das edelste, wohltönendste Deutsch.

Meine Ohren vernahmen deutlich, daß die meisten Deutschen in Prag weder ein »eu« noch ein »ö« oder »ü« kannten und das rollende »rrr« aus der tschechischen Sprache übernommen hatten. Trotzdem behauptete mein Vater: »Die Prrrager Deitschen sprrrechen das scheenste Deitsch.«

Also glaubte ich ihm.

Die Familie

Unser Haushalt bestand aus acht Personen. Das absolute Oberhaupt war mein Vater, ein gut aussehender Mann voll Charme, humorvoll und intelligent. Er war Jurist, Direktor einer deutschen Bank und spielte in der Prager deutschen Gesellschaft eine große Rolle.

Absolute Oberhäupter haben oft einen Usurpator im Hintergrund, der ein bißchen an ihrem Thron herumsägt. Diese Rolle spielte seine Schwiegermutter, meine Großmutter Rosa Ganghofner.

Sie war sehr klein und zart, und nur ihren klugen, dunklen Augen sah man an, wieviel Energie und innere Kraft sie besaß. An Intelligenz, Temperament und Bildung war sie meinem Vater ebenbürtig, an Musikalität sogar weit überlegen. Dies wog schwer in unserer Familie. Sie genoß es. In ihrer Jugend hatte sie viel in Hauskonzerten gesungen und beherrschte die gesamte Opernliteratur. Unseren Alltag würzte sie mit treffenden Opernzitaten, oder sie unterhielt sich mit uns im Stil Mozartscher Rezitative. Das amüsierte uns sehr, und wir machten sofort mit. Vater konnte das nicht, daher fand er es albern: »Ihr machts einen ganz verrickt mit der bleeden Herumsingerei!«

Manchmal trieb ihn seine gute Laune, mit lauter Stimme selbst etwas aus einer Oper zu schmettern. Dann stand meine Großmutter sofort im Zimmer, sah ihn kühl an und sagte scharf: »Du singst falsch.«

Er schwieg und sann auf Rache.

Auch gesellschaftlich rivalisierten die beiden miteinander. Meine Großmutter stammte aus einer angesehenen Prager Familie. Ihr Vater hatte eine Glasfabrik besessen und vier Häuser auf dem Wenzelsplatz. Dieses Elternhaus und ihre Ehe mit dem k. u. k. Hofrat Professor Doktor Friedrich Ganghofner, einer medizinischen Kapazität, zu dessen Patienten viele Prominente gehörten, darunter auch Enrico Caruso, hatten ihr in der Gesellschaft eine hervorragende Stellung eingeräumt. Ihr Gast zu sein, war eine Ehre. Sie besaß Dankesbriefe berühmter Künstler und Wissenschaftler aus aller Welt. Ihr Vater hatte ihr sogar ein handgeschriebenes Gedicht von Goethe vererbt, das sie sorglich hütete – bis sie es verlor. Goethe hatte es ihm in Marienbad übergeben mit dem Auftrag, die Verse in ein prunkvolles Trinkglas zu gravieren.

Dieser Fundus war ein guter Ausgangspunkt in ihrem Kampf gegen meinen Vater, den sie in allen Gebieten zu übertrumpfen suchte.

Mein Vater war dagegen. Denn auch er hatte seinen dominierenden Platz in der Prager Gesellschaft. Kein Ball, kein Fest waren ohne ihn denkbar. Wo er auftrat, war die Stimmung des Abends gesichert.

Besonders beliebt war er in jüdischen Kreisen. Keiner konnte jüdische Witze so gut erzählen wie er; sein Gesicht veränderte sich dann völlig, und er sah aus »wie dem Rabbi sei Urgroßmutter«. In Jiddisch war meine

Großmutter »nixe so ofej«, darum fand sie: »Mit Juden verkehrt man nicht.« Ihre eigenen jüdischen Freunde waren Ausnahmen. Wer Jude war, bestimmte sie.

Seit meinem dritten Lebensjahr gehörte zur Familie auch unser Kindermädchen Mizzi Fiedler. Sie war zierlich, sehr hübsch, hatte schwarze Haare und kullerrunde, schwarze Augen. Mit achtzehn Jahren war sie in unser Haus gekommen, ahnungslos, mit wievielen Narren sie es da zu tun haben würde. Siebenundzwanzig Jahre lang hat sie treu bei uns ausgehalten, erst das Kriegsende hat sie von uns getrennt.

Auch sie war von lebhaftem Temperament und nahm an allen Geschehnissen der Familie mit großem Engagement teil. Ein großer Vorzug war, daß sie nie sang, was bei uns überaus angenehm auffiel.

Schwierig war nur ihr Verhältnis zu unseren jeweiligen tschechischen Köchinnen. Mizzi war zart und streng moralisch, die Köchinnen üppig und liebeshungrig. Mizzi hütete Vaters gute Zigarren, die Köchinnen stahlen sie für ihre Liebhaber. Mizzi hielt sich immer in unseren Wohnräumen auf, die Köchinnen durften sie erst nach devotem Anklopfen und erteilter Erlaubnis betreten – die Kluft war unüberbrückbar und giftgeladen.

Wir drei Kinder waren eine akustische Marter für alle Hausbewohner. Willi, der Älteste, spielte Klavier, Geige, Gitarre, Schlagzeug, Zither, und er sang auch. Nicht klangvoll, aber rein. Er hatte ein ausgezeichnetes Gehör, und daß er Dirigent werden wollte, stand schon für den Fünfjährigen fest.

14

Kurt war der Jüngste, immer lustig und ungemein leb-
haft. Seine Position als Letztgeborener glaubte er durch
Lautstärke ausgleichen zu müssen; ob er etwas erzählte,
ob er sich stritt, ob er lachte oder sang: immer ging es im
Fortissimo vor sich, wie an eine große Menge gerichtet.
Sein humorvolles Temperament machte ihn zum Liebling aller; das tat ihm wohl, und er wußte es klug einzu-
setzen.
In der Mitte zwischen diesen dynamischen Brüdern
stand ich. Auch ich spielte Klavier, lachte gern und laut
und sang viel und aus Leibeskräften, weil ich beweisen
mußte, daß ich als künftige Sängerin auch die größten
Opernhäuser würde füllen können. Wir waren eine entsetzliche Familie.
Es gab bei uns nur einen einzigen stillen, sanften Menschen: meine Mutter. Wir anderen waren wie bunte
Knallbonbons. Sie ordnete und lenkte uns wie an zarten
Schnüren, ohne daß wir das jemals wahrgenommen hätten. In unserem wirbelnden Kreis war sie die ruhende
Mitte.
Meine Mutter war eine schöne Frau, groß und schlank,
mit üppigen, kastanienbraunen Haaren, die ihr vornehmes Gesicht mit den hellen, gütigen Augen umrahm-
ten. Bis ins hohe Alter strahlte sie einen mädchenhaft-
scheuen Charme aus.
Sie war auch die einzige, die in unserem Kreis niemals
eine Rolle spielen wollte und sich immer als glückliche
Beobachterin im Hintergrunde hielt. Wir anderen waren
die Akteure – sie war die Zuschauerin. Da sie alles sah

und verstand, konnte sie immer tröstend eingreifen, wenn die Fäden in der hitzigen Familie sich dramatisch verknotet hatten.

War mein Vater wütend, dann wurde er laut und heftig. Widerspruch war sinnlos, man kam als Sünder gar nicht zu Wort. Zuerst die Predigt, dann die Strafe – aus, basta.

Meine Mutter machte das ganz anders. Sie lud den Schuldigen zu sich in den Salon und fragte liebevoll: »Warum hast du das getan? Nun erzähl mir das einmal ganz genau.«

Das wußten wir meist selbst nicht, und so traf uns ihre Frage tief. Wir schämten uns.

Unseren Vater liebten wir sehr, doch fürchteten wir ihn auch. Meine Mutter liebten wir ohne Furcht: wir vertrauten ihr, und sie verstand uns. Jeder kam mit seinen Nöten zu ihr, und sie hatte immer Zeit für den Ratsuchenden. Meist löste sie das »schwere Problem« mit einer kleinen, humorvollen Bemerkung.

Es ist wunderbar, eine Mutter zu haben, die einem ganz gehört und sich mit ihrer Liebe und ihrem Verstehenwollen für einen einsetzt. Die Bedeutung meiner Mutter wurde oft verkannt, weil sie ohne äußere Brillanz des Wortes und ohne persönlichen Ehrgeiz war. Ihre Wirkung kam aus der Stille und hatte keine grellen Farbtöne. Die große Harmonie in unserer Familie, deren Wurzel man meist in dem heiteren Temperament meines Vaters suchte, war ganz allein der sanften Regie meiner Mutter zuzuschreiben.

Sie würde gegen diesen Satz heftig protestieren. In ihrer Bescheidenheit hielt sie sich für völlig überflüssig.

Frau Absolonová

Unsere Wohnung lag im fünften Stock in der Skretagasse 9. Einen Fahrstuhl gab es noch nicht. Bevor man den mühsamen Aufstieg begann, mußte man den »Prüfstand« der Hausmeisterin passieren. Ihre kleine Wohnung lag rechts neben dem Hauseingang und hatte eine Türe mit einem Fenster, hinter dem sie wie eine Spinne saß. In dem Netz ihrer Übersicht durfte es keine Lücke geben. Männliche Passanten fragte sie nicht aus. Die hatten keinen Sinn für das feine Mosaik von Ereignissen, aus denen sie die großen Sensationen hintergründig zusammenfügte.

Das Haus wurde abends um neun Uhr abgeschlossen. Wer später kam, mußte klingeln und warten, bis ihm Frau Absolonová aufschloß. Dafür bekam sie ein Trinkgeld, nach dessen Höhe sie die Menschen einstufte in ihr System von »noblen«, »extrafeinen«, »gebildeten« und »ordinären, ungebildeten«. Studenten mit kleiner Münze gehörten dieser Unterstufe an. Diese nächtlichen Störungen waren das Lebenselixier der Frau Absolonová – sie gaben ihr die Möglichkeit, die Laster aller Hausbewohner zu überblicken. Wer wann zu wem kam, wer wann von wem ging und in welcher Verfassung – Details von unschätzbarer Bedeutung!

Besonders interessierte sie sich für unsere Familie. Meine Großmutter hatte eine kleine Wohnung uns gegenüber. Frau Absolonová wirkte dort als Putzfrau, eine Stellung, die ihr zur Nachrichtenbeschaffung äußerst günstig erschien. Aber das erforderte Fingerspitzengefühl! Da sie wußte, daß die vornehme alte Dame eine Blumenexpertin war, fing sie meist – diplomatisch versiert – von Blumen an.

»Was Sie da wiedr fir scheene Blumen haben, Frau Professor ...

»Ja, die hat mir gestern Herr Doktor Wenzel mitgebracht.«

»A ja, der Herr Doktor ... wie heißt er?«

»Wenzel.«

»Wenzel. Ein sehr ein scheener Name is das. Hert man selten. Wenzel ... Is eigenlich noch gar nicht alt, der Härr Doktor ... Ein sehr ein sympaathischer Härr. Und sehr gebildrt. Zwei Kronen hatter mir gestrn gegäben.«
Großmutter goß schweigend die Blumen.

»Is der Härr Doktor Wenzel von Prag?«

»Nein, der stammt aus Reichenberg.«

»A so, aus Reichnberg. Sehr eine scheene Stadt. Sagt man. Ich kenn es ja nicht. Abr es soll sehr scheen sein. Bißl klein halt, sagt man. Nicht so groß und scheen wie Prag. Kann ja nicht sein ... Da wird es ihm hier gefalln in Prag ... Abr er wird sich hier bißl allain fiehlen ... Wenn man so allain is in so eine grose Stadt. Verheiratet is er ja nicht?«

»Nein, er ist noch Junggeselle.«

»Junggesälle?« Ihre Augen strahlten – da ließ sich doch etwas kombinieren. Und das war ihre Spezialität. »Nicht, daß ich neigierig wär, abr da kommt er sichr wägen Frollein Fridinko?«

»Nein, das glaube ich nicht.«

»No, das glaub ich schon ... Sowas fiehl ich gleich. Wie er is gekommen, er war ganz – wie sagt man – ganz beglicklich und wie er is gegangen, er war mehr betrieblich.«

»Das glaube ich nicht. Vielleicht war er nur müde, es war ja elf Uhr.«

»Nein, halber zwelf war es! – Abr ich denk mir, der will die Frollein Fridinko heiraten. So ein fesches Frollein und so eine feine Familie – das mecht ihm passen. Wo das Frollein Fridinko is so ein braves, anständiges Frollein. Immer schaut sie herunter, wenn sie geht auf Straße, nicht so wie andere, die was schmeißen mit Augen rundherum auf jädes Mannbild...«

Sie betonte immer gern, wie moralisch und züchtig sie war und gab eifrig Ratschläge, wie man eine gute Ehe führt. »Ich sag immer: in ein Ehä muß Frau ganz still sein. Mann muß räden, Frau muß kuschen. Wozu hat Frau Augen? Zum Wegschaun. Wozu hat Frau Ohren? Zum Nixhören. Wozu hat Frau Mund? Zum Schweigen. Und wozu hat Frau Schürze? Zum Zudecken.«

Ihr Mann war ein schmächtiges, kleines Männchen, das völlig von ihr beherrscht wurde – zum Zumachen war ihr Mund eindeutig nicht erschaffen. Aber sie hielt sich für ein Muster an Schweigsamkeit.

19

Ihre Todfeindin war meine Freundin Liesl Koloschek, die im ersten Stockwerk unseres Hauses wohnte. Daß ich mit ihr befreundet war, nahm sie mir übel, und daß sie einen so slavisch klingenden Namen hatte, mißfiel ihr ebenfalls. So knallte sie ihn mit einem explosiven »K« zornig aus dem Munde. Bei jeder Gelegenheit beschwerte sie sich über sie bei meiner Großmutter.

»Also gestrn wieder, diese Kkoloschek... mir is ja wurscht, wie sie sich benimmt, is ja Gott sei Dank nicht meine Tochter, abr wie die sich benimmt... Also wissen Sie, Frau Professor... also gestrn... Ich stäh so da mit die Frau Fanta, was wohnt im Haus, ich stäh also da – und da kommt die Kkoloschek. Aber *wie* sie kommt! Nicht so, wie unser Frollein Fridinko, so nobel und sittiglich – sie kommt mit einem Pullovr, ganz fest am Busen – ordinäär, sag ich Ihne, mich gäht's ja nix an, abr so ordinäär, wenn das meine Tochtr wär, also ich sag Ihne, der mecht ich's zeigen, wenn das meine Tochtr wär. Also sie kommt – Sie werdn es nicht glaubn, mit eine junge Mann! Mitten am Tag... mit eine junge Mann, wo ich iebrhaupt nicht kenn. Und *wie* sie is mit ihm gegangen! Die Augen hat sie auf ihm gedräht, was heißt gedräht – geschmissen hat sie auf ihm die Augen. Und mit dem Busen hat sie dazu hin und hergewacklt – also nein, ich saaag Ihne, Frau Professor, so ordinäär... Sie wissen nicht zufällig, kennt ja sein, wer war dieser junge Mann?«

»Nein, das weiß ich nicht, und es interessiert mich auch gar nicht.«

»No, mich ja auch nicht! Jesusmarja, mir is es ja ganz wurscht, mit wäm die gäht. Abr die Frollein Fridinko wird ja wissen, wie der heißt. Ich *hoff* es, daß sie weiß. Wär ja gemein, wenn die beste Freindin nicht einmal wißte, wer das war. Und wissen Sie, was die Kkoloschek noch gemacht hat?«

Das wußte Großmutter nicht.

»Sie hat mich einfach iebrhaupt nicht gegrießt. Sooo eine Unvrschemtheit. Abr der wer ich's zeigen! Wenn die heit abend wiedr so spät nachhaus kommt – die laß ich laiten und laiten und laiten! So ein Fratz, ein ordinärer! Jetzt bin ich neigierig, ob die Frollein Fridinko weiß, wer der Mann war... No, der wird sie nicht heiraten, das wird ihr gar nix nitzen, so mit dem Busen wackeln!«

Wanzen?

Ein neuer Tag hatte begonnen, ein Tag wie jeder andere auch. Wir drei Kinder waren in die Schule gegangen, mein Vater in die Bank, die Köchin auf den Markt. Mizzi wollte gerade die frisch gelüfteten Betten vom Fenster nehmen, da schrie sie plötzlich: »Frau Doktor, Frau Doktor! Schnell, bitte kommen Sie!«

Mizzi schien in Todesgefahr, und meine Mutter ließ alles liegen und stehen und eilte herbei.

»Frau Doktor, schnell, eine Nadel! Hier auf dem Polster krabbelt eine Wanze!«

Das war das Schlimmste, was Mizzi passieren konnte. Eine Wanze war bedrohlicher als ein Staatsfeind.

Meine Mutter holte eine Nadel, die ihr aber entfiel, als sie sie Mizzi reichen wollte. Beide bückten sich gleichzeitig danach, und als sie wieder hochkamen, war, man hält es nicht für möglich, die Wanze weg. Ein Notstand, ja eine Katastrophe. Denn nun konnte sie ja nur in die Wohnung eingedrungen sein mit der infamen Absicht, dort ein molliges Heim zu beziehen und eine tausendköpfige Familie zu gründen. In kürzester Zeit würden sich Scharen blutsaugerischer Feinde über die Räume der gepflegten Wohnung ergießen, wobei sie niemanden der Angehörigen übersähen. Beide Frauen machten sich auf die Jagd. Die Betten, die Vorhänge, die Teppiche – alles wurde genauestens abgesucht, aber das raffinierte Wänzlein blieb verschwunden.

»Vielleicht ist sie aus dem Fenster gefallen«, meinte die Mutter.

Das war wieder mal typisch für die harmlos-vertrauensvolle Frau Doktor. Wanzen fallen nie aus dem Fenster, sie dringen durch Ritzen und Fugen ein! Mizzi hatte kein Verständnis dafür, daß auch eine kleine Wanze sich mal verändern und neues Blut kosten wollte. »Wir müssen sie finden, ehe sie sich vermehrt.«

Es hätte ja auch ein Wänzling sein können, unfähig, neue Geschlechter zu hinterlassen, aber in Mizzis Augen war eine Wanze der Beginn chaotischer Verwahrlosung, wobei sie eigentlich gar nicht so unrecht hatte. Jetzt rollte sie ihre schwarzen Augen und erklärte wie ein

Feldherr: »Da nützt nun alles nichts, die Wanze muß gefunden werden, und das so schnell wie überhaupt nur möglich!«

Meine Mutter gab nach. Sie wußte, was es hieß, wenn Mizzi die Wanze nicht fand: schlaflose Nächte, die Gefahr im Nacken, Bewachung der armen Kinder, denen man das Blut aussaugen wollte – ach, sie kannte den mühevollen Ablauf, denn es war nicht die erste Wanze, die den Weg von der unter uns wohnenden Familie Novak zu uns herauf gesucht und gefunden hatte. Es begann also. Mit einer Taschenlampe wurden alle Ritzen und Ecken durchforscht, die Matratzen abgehoben, die Bilder abgenommen – keine Wanze. Meine Großmutter erschien: »Was machts denn, ihr zwei Narren?«

Keine Antwort. Die kriechenden Jägerinnen waren zu beschäftigt.

»Was ist hier los?« kam es energischer.

»Mama, wir haben Wanzen!«

»Ach so – ich hab gedacht, euch fehlt was.«

Sie sang »Auf in den Kampf, Torero!« und ging lachend hinaus. Sie ließ sich von Mizzis Wanzenwahn nicht anstecken.

Aber die Köchin, die ahnungslos vom Markt zurückkam, wurde von Mizzi sofort zur Mitsuche befohlen.

»Abr das gäht nicht, ich muß kochen...«

»Bevor die Wanze nicht gefunden ist, wird nicht gekocht, niemand kann etwas essen, wenn wir Wanzen haben!«

Als mein Vater mittags nach Hause kam, war die Wohnung völlig auseinandergenommen, es stank nach Petroleum – wanzenfeindlich – und zu essen gab es auch nichts. Meine Großmutter sang:

»Wer nie sein Brot mit Tränen aß,
wer nie die kummervollen Nächte
auf seinem Bett voll Wanzen saß,
der kennt euch nicht, ihr himmlischen Mächte.«

Mein Vater fand das sehr witzig. Die Wanze wurde nie gefunden.

Das Deutsche Theater

Prag war eine Theaterstadt. Musik und Theater spielten eine bedeutende Rolle im Leben aller Deutschen. Das Deutsche Theater, im Jahre 1888 erbaut, war unsere Gralsburg, es faßte zweitausend Zuschauer und war ein festliches Haus mit viel rotem Samt, Gold und einem riesigen, reichverzierten Glasluster in der Mitte.

In diesem Theater hatte der große Intendant Angelo Neumann, ein Freund Richard Wagners, seine berühmten Wagneraufführungen herausgebracht, er hatte mit dem Spürsinn, der die meisten jüdischen Intendanten auszeichnet, große Talente entdeckt, sie mit geringer Gage für mehrere Jahre verpflichtet und sie dann, wenn sie durch ihr brillantes Können in Wien, Berlin oder Dresden Aufsehen erregt hatten, für große Summen an eine dieser Bühnen abgetreten.

Mein Vater erzählte mir oft von dieser einzigartigen

Theaterzeit. Er hatte den jungen Kainz in allen seinen Glanzrollen gesehen; er konnte sich daran erinnern, welche Empörung im Prager deutschen Publikum geherrscht hatte, als ein blutjunger Anfänger namens Alexander Moissi in einem Schauspiel einen einzigen Satz zu sagen hatte und den nicht einmal in einwandfreiem Deutsch herausbrachte. Alles war über diesen »krassen Fehlgriff« Angelo Neumanns entrüstet. Wie konnte er solch einen Dilettanten für mehrere Jahre an unser »heiliges« Theater binden, und wozu ließ er ihn Deutsch lernen...

Mein Vater erinnerte sich an die Anfänge von Leo Slezak, Enrico Caruso, Max Pallenberg, Ernst Deutsch, Paula Wessely, Attila und Paul Hörbiger, Richard Romanowsky – die Reihe der Künstler, die von Prag aus den Weg in die Welt antraten, ist endlos. Wir hörten den Geschichten unserer Eltern gerne zu, Vater konnte einige dieser Künstler großartig nachahmen, und so wurde die besondere Geschichte unseres Deutschen Theaters vor uns lebendig. Bald stand auch für uns, als echte Prager Kinder, das Deutsche Theater im Mittelpunkt des Interesses. Natürlich besuchten wir mit unseren Freunden und Bekannten jede Premiere. Wir mußten ja schließlich durch unseren Beifall oder durch Pfiffe sofort Kritik üben. Mitreden war wichtig. Und wie gerieten wir uns in der Pause in die Haare, wenn jemand in einem Punkte anderer Meinung war.

»Was, das fandst du gut? Hast du denn keine Ohren? Der quetscht doch in der Mittellage! Und in der Höhe

schreit er, dieser Kravatteltenor!« Fanden wir eine Aufführung oder einen Künstler gut, dann wurde applaudiert und geschrien, bis wir heiser waren und geschwol-
lene Handflächen hatten. Ich habe das lautstarke
Applaudieren seit meiner Jugendzeit technisch so hoch
entwickelt, daß meine Familie noch heute verleumderisch
von mir abrückt, wenn meine Hände zu ihrem Pauken-
schlag ausbrechen.

In den beiden deutschen Tageszeitungen, der »Bohemia«
und dem »Prager Tagblatt«, stand täglich auf der letzten Seite der Theaterzettel mit der Besetzung für die
abendliche Aufführung. Es war für mich die wichtigste
Seite, die sofort beim Frühstück gelesen wurde.

Denn hieß es da: »Frau Sowieso a.G.a.E.«, dann bedeutete das: »Als Gast auf Engagement.« Und dies wurde von uns als Aufruf verstanden: »Kommt, hört und
entscheidet!«

Ein neues Ensemblemitglied konnte den erlesenen Kreis
verschönern oder auch empfindlich stören. Diese wichtige Auswahl dem Intendanten oder einem nebbich Kapellmeister zu überlassen, kam gar nicht in Frage – wir
waren für Mitbestimmung. Wer uns gefiel, wurde osten-
tativ mit zustimmendem Applaus belohnt, wer aber vor
unseren Ohren nicht bestanden hatte, ebenso unüberhör-
bar und brutal ausgepfiffen! Wobei ich tief darunter litt,
nicht pfeifen zu können. Die pfeiferisch Unvermögen-
den schrieen ein lautes »Pfuuui!«, und dies war ein ab-
solut gleichwertiger Giftpfeil.

Bei unserem Urteilsspruch waren wir unbestechlich. Es

konnte in der Zeitung noch so viel Lorbeerhaftes über einen Gast geschrieben werden – wir warteten auf seine Leistung am Abend.

Bei solchen Gelegenheiten waren die Debatten in der Pause natürlich besonders heftig. Man mußte sich im Urteilsspruch ja unbedingt einig sein. Wehe, irgendein Jüngling war geneigt, einer Sängerin, die wir ablehnen wollten, nur deshalb zu applaudieren, weil er sie attraktiv fand! Wo blieb denn da der Sachverstand? Solch abwegige Perspektiven wurden mit beißendem Hohn bekämpft. Bei Schauspielerinnen war das anders. Da gehörte gutes Aussehen und erotische Ausstrahlung zur Pluspunktwertung.

Meine Eltern, die diese »Wahl-Vorstellungen« selten besuchten, erwarteten uns nachher immer voll Spannung mit einem stärkenden Imbiß und der Frage: »Wie war es?«

Herrlich, wenn man wichtige Erlebnisse gleich vor so aufmerksam und innerlich beteiligten Zuhörern ausbreiten kann.

»Denkt euch, die Hofmanns fanden diesen idiotischen Sänger heute gut! Die können wir nicht mehr einladen, die sind total unmusikalisch!«

Aber Uneinigkeit mit unseren Freunden kam selten vor. Wir hüteten uns auch davor, in unserer Ablehnung ein kommendes Genie zu verkennen. Das Beispiel von Alexander Moissi warnte uns, und wir fühlten uns dem großen Angelo Neumann verpflichtet. Vor allem bei jungen Sängern und Dirigenten waren wir großzügig.

»Der wird sich schon noch entwickeln. Vielleicht war er
heute nervös...«
Wie nervös die armen jungen Künstler wohl gewesen
wären, wenn sie gewußt hätten, mit welchem inneren
Engagement wir ihr Gastspiel von Anfang an mitbe-
stimmten!

Lohengrin

In dieser Stadt war es ganz natürlich, daß wir zu Hause
in vielerlei Formen Theater spielten. Vater führte uns
viele Stücke im Puppentheater vor, er malte selbst die
Kulissen, und seine Aufführungen waren so großartig,
daß wir ihnen mit gespannter Begeisterung folgten. Aber
dann erwachte bald der eigene Tatendrang. Es fing ganz
harmlos an. Zunächst bestand nur die Lust, sich irgendwie zu verkleiden. Eine Papiergoldkrone auf dem Kopf,
ein Laken als Königsmantel – und ich fühlte mich von
Schönheit und majestätischer Hochwohlgebürtigkeit umstrahlt.
Mein jüngerer Bruder Kurt wollte immer Feuerwehr-
mann sein. Ein roter Papierkorb war sein Helm, in der
Hand hielt er einen Holzstab, und er schrie:
»Tatüüü – Tataaa, macht Platz – die Feuerwehr!«
Und ich rief: »Macht Platz – die Königin!«
Soviel Platz, wie wir ihn für unsere Rollen benötigten,
fanden wir in der Wohnung gar nicht. Vor allem fehlten
die Massen, die gefälligst vor uns zurückzuweichen hat-

ten. Unsere Rollenwahl stand sozial und räumlich gegeneinander. Eine befruchtende Wendung nahm unser Theaterspiel, als mir eine Tante, die an der Wiener Volksoper Sängerin gewesen war, ihre Theaterkostüme schenkte. (Es war damals üblich, daß man seine eigenen Kostüme besaß, die oft sehr kostbar waren.)

Dieses Geschenk versetzte mich in den siebenten Himmel und unsere Kleiderschränke in ein arges Dilemma – ich hatte nun meinen eigenen Fundus. Meine ebenfalls theaternärrischen Freundinnen bestaunten den kostbaren Schatz und bedrängten mich, sie auch einmal anziehen zu dürfen. So begannen wir, uns Theaterstücke zu schreiben, deren Handlung sich an die vorhandenen Kostüme anlehnen mußte. Das scheiterte daran, daß wir die Stilepochen wie Kraut und Rüben durcheinandermischten, daß alle das goldbestickte Rokokokostüm aus »Figaros Hochzeit« anziehen wollten, das nur mir gebührte und daß meine Brüder sich weigerten, in den »saublöden Weiberstücken« mitzuspielen. Meine Freundinnen waren in ihren Augen ohnehin nur dumme Gänse, außer, wenn mein Bruder Willi sich in eine von ihnen verliebte, was wiederum Komplikationen im Ensemble hervorrief.

So kamen wir auf den Gedanken: »Wir drei studieren etwas ein und machen dann eine richtige Aufführung mit Publikum.«

Eine fabelhafte Idee! Aber was? Wir grübelten tagelang und kamen schließlich zu dem Entschluß, daß es eine Oper sein müsse.

Der fünfzehnjährige Willi war ein hervorragender Pianist und Dirigent, Kurt und ich erfahrene Sänger – wir hatten bald eine für uns ideale Oper gefunden: Lohengrin von Richard Wagner!

Wir gingen sofort ans Werk. Die überaus geschickte Mizzi schneiderte für Kurt ein herrliches Kostüm aus Silberlamée und fertigte dazu einen Helm mit strahlendweißen Gänsefedern, die den Gralsritter beflügelten, seine Rolle mit unserem strengen Kapellmeister einzustudieren.

Etwas störend fiel uns auf, daß unsere Besetzungsmöglichkeiten begrenzt waren. Schon im ersten Akt fehlten König Heinrich, Telramund und Ortrud. Und das Volk. Volk fanden wir überflüssig, etwas Phantasie konnten wir von unserem Publikum schon verlangen – es würden ja nur Lohengrinerfahrene eingeladen. Aber einen König brauchten wir und fanden rasch die Lösung: mein schauspielerisch sehr begabter, aber sängerisch nicht verwendungsfähiger Vater sollte den König auf der Bühne mimen, Willi würde für ihn vom Klavier aus singen. Mein Vater fühlte sich geehrt und war sofort einverstanden. Er kannte die Oper auswendig und würde so vollendet stumm singen, daß die Täuschung gelingen mußte. Täuschungen planten wir ein, ohne Phantasie kein Lohengrin...

Wir übten fleißig unsere Rollen, und schließlich fand Willi, die Zeit der Klavierproben sei vorbei, nun wollte er richtig dirigieren, mit Taktstock und auf einem Podium. »Wir machen heute eine Orchesterprobe wie im Theater.«

Kurt fragte: »In Kostüm und Maske?« Er konnte seinen Auftritt in Silber kaum erwarten.

»Nein! Ich sagte ja, es ist eine Orchesterprobe!«

»Und wie willst du Klavier spielen, wenn du mit beiden Händen dirigierst?«

»Ich spiele gar nicht Klavier. Ich dirigiere und summe das Orchester.«

Wir weigerten uns, mit einem summenden Orchester zu probieren, Sänger haben eben ihre Starallüren. Aber Willi bestand despotisch auf seinem Podium. Es war ein niedriges Tischchen mit einer Glasplatte. Willi stellte sich darauf, summte, sang und brummte. Kurt und ich konnten diesem ungewohnten »Orchesterklang« unsere Töne nicht entnehmen, verpaßten die Einsätze und erregten dadurch den Zorn des Dirigenten so sehr, daß er dazu überging, den Takt mit den Füßen wütend auf sein Podium zu trampeln.

Auf einmal gab es einen lauten Krach, und Willi saß zwischen Glasscherben blutend und schreckensbleich auf dem Boden. Wir lachten schallend und voll edelster Schadenfreude.

Großmutter, Mutter und Mizzi kamen erschreckt ins Zimmer gelaufen, und Mizzi schimpfte: »Der schöne Glastisch! Wer hatte denn diesen Einfall?! Was wird der Herr Doktor sagen!«

Sie sah nur die Scherben, meine Mutter nur ihr »todwundes« Kind: »Um Gottes willen, wir müssen sofort Herrn Doktor Lawatschek anrufen, Willi muß eine Tetanusspritze bekommen!«

»Lächerlich«, meinte meine Großmutter ruhig, »wegen der paar Kratzer! Kehrts die Scherben zusamm' und holts ein Pflaster, und dann singts weiter!«

Sie fand Mizzis subalternes Gezitter vor meinem Vater genauso übertrieben wie Mutters Schrei nach dem Arzt. In ihren Augen zählte nur, daß wir drei Kinder den »Lohengrin« aufführen wollten.

Die »Orchesterprobe« kam trotzdem nicht mehr zustande, denn mit dem Podium war auch Willis Autorität über uns Sänger zerbrochen. Wir bekamen immer wieder Lachkrämpfe, wenn wir unseren blassen, verpflasterten Dirigenten ansahen...

Als wir kurz vor der Generalprobe standen und bereits die Einladungen verschickt hatten, begannen wir, das Bühnenbild zu gestalten.

Das große Schlafzimmer der Eltern wurde ausgeräumt, das war die Bühne, das Eßzimmer war Zuschauerraum, die große, doppelflügelige Türe zwischen diesen beiden Räumen war die »Rampe«. Willi bastelte ein komfortables Rampenlicht, stellte zwei Scheinwerfer auf, in den Türrahmen kam ein blauer Vorhang.

Auf der Bühne stand links ein Schrank, der mit weißer Pappe verkleidet war und auf dem ein großes Wappen prangte, das Vater und Willi gemalt hatten. Davor Vaters Ohrensessel, mit rotem Samt verkleidet – der Thron des Königs.

Im Hintergrund stand eine Liege, über die ein grünes Billardtuch gebreitet wurde – das war die Anhöhe, über die Lohengrin auftreten sollte. Davor stand ein kleiner, grün verkleideter Schemel als Stufe, damit Lohengrin nicht von der Anhöhe zu hüpfen brauchte, wenn er zu Elsa schritt.

Hinter der Liege war die »Schelde«, und Mutter und Mizzi hatten die Funktion, den aus Pappe gebastelten Schwan an vielen Schnüren langsam heranzuziehen – er sollte möglichst glaubwürdig dahergeschwommen kommen. Willi hatte das technisch perfekt gelöst, aber auch Perfektion kann ihre Tücken haben. Es klappte nicht. Entweder der Schwan kam gar nicht, oder er schnurrte an seinem Ziel vorbei, oder er schwamm stotternd, weil die Schnüre sich immer wieder verfitzten. Wir probierten und probierten, alles war ganz Konzentration, und Mutters und Mizzis Nerven hingen entkräftet in den Schnüren. Willi spielte immer und immer wieder die Schwanenmusik, sang dazu den Chor, und die beiden Damen warteten gerade wieder atemlos auf ihren Einsatz.

Da kam ahnungslos und lohengrinfremd die Köchin ins Zimmer getrampelt: »Milostpaní, soll ich jätz zum Zajitschek gähn, Wirstln holen?«

Niemand beachtete sie. Alles starrte auf den Schwan. Die Köchin war ärgerlich, sie wiederholte ihre Frage lauter und dringender, und als sie wieder keine Antwort bekam, ging sie auf meine Mutter zu, stolperte dabei über den grünverkleideten Schemel und fiel der Länge nach mitten in die Schwanenschnüre, wobei das himmelschöne Tier beschädigt wurde.

Wir stürzten uns alle wütend auf sie: »Du blöde Gans, unser schöner Schwan!«

Das war zuviel. Zuerst gab man ihr keine Antwort, dann holte sie sich den Tod, und zuletzt beleidigte man sie! »Das laß ich mir nich gefalln, sowas! In diese Familli hält kein Mensch aus. Lauter Verrickte! Ich kindige!«
Sie knallte in hellem Zorn die Türe hinter sich zu.
Wir waren verwirrt. Erst der Kummer mit dem Schwan, jetzt der Ärger mit der Gans. Meine Großmutter ging der Köchin nach, und wir wußten, sie würde bleiben. Die Probe konnte weitergehen.
Um den zweiten Akt hatte es viel Streit gegeben, weil Kurt an seinem Anfang den Telramund singen sollte und dies strikt ablehnte. Er war Lohengrin und sonst nichts! Man könne von ihm nicht verlangen, daß er neben dem strahlenden Helden auch noch den finsteren Schurken spiele. Das Publikum würde ihm die überirdische Reinheit nicht glauben, wenn er auch als Miesling aufträte. Der wahre Grund war: er war zu faul, auch noch diese Rolle zu lernen.
Also es half nichts, Vater mußte wieder einspringen. Bei dieser Lösung störte mich der krasse Größenunterschied, und so bat ich meinen Vater, bei unserem Duett zusammengekauert auf dem Boden liegen zu bleiben, während ich erhöht auf einer Treppe sitzen wollte. Telramund war einverstanden. Nach dem Duett mit ihm wollte ich aber unbedingt wieder die auf dem Söller singende »Elsa« sein.
Die Lösung war für die Zuschauer verwirrend. Ich sang zuerst die »Ortrud«, entschwand nach dem Duett in der Kulisse, meine Mutter trat als etwas vergrößerte Ortrud

gleich wieder auf, während ich mich zur Elsa zurück-
verwandelte.

Die problemreiche Probenzeit war mit viel Fleiß zu
Ende gegangen, es kam der Tag der Premiere. Wir Mit-
wirkenden standen uns nervös im Wege, Kurt betrach-
tete sich schön und silbrig in unserem hohen Spiegel,
wobei es den ersten Streit gab, denn auch ich wollte
meine weißgekleidete Schönheit bestaunen.

Wir Kinder waren etwas indigniert, im Zuschauerraum
Geplauder und Lachen zu hören. Wo blieb ihre innere
Sammlung? Sie führten sich auf, als stünde ihnen eine
Art »Moritaten-Musical« bevor. Wir führten ja schließ-
lich eine ernste Wagneroper auf, und da gab es nichts
zu lachen.

Inzwischen war das Licht im Zuschauerraum gelöscht
worden, es hatte dreimal geklingelt, und Mutter und
Mizzi standen auf ihrem Schwanenposten, bleich vor
Lampenfieber.

Willi begann auf seinem »orchestralen Klavier« das Vorspiel. Genau auf sein Lichtzeichen zog ich dann langsam
den Vorhang auf.

Das erstaunte Publikum registrierte die erste Abwei-
chung von Richard Wagner, denn auf der Bühne saß nur
ein König. Sehr allein, aber sehr würdig. Ohne Volk,
ohne Mannen und Ritter, ohne Telramund und Ortrud.
Diese Fehlenden mußte man sich irgendwo im weiten
Rund vorhanden vorstellen. Ohne Phantasie kein Lohengrin.

Unser Publikum war hervorragend, nahm sogar den

Schwan ernst und überhörte auch Mutters leise technische Hinweise: »Vorsicht, Mizzi, nicht ziehen – ich verlier ihn!«

Kurt und ich sangen hinreißend und waren von unserer künstlerischen Sendung so ergriffen, daß wir dasselbe auch von unserem Publikum erwarteten.

Nach dem ersten Akt rauschte der Beifall auf, den wir drei Jung-Künstler vor dem Vorhang würdevoll entgegennahmen.

Vor dem ersten Akt hatten wir alle wegen der schwierigen Schwanenankunft gezittert – nun konnte nichts mehr schiefgehen.

Auf meinen dramatischen Auftritt als grimmige Ortrud im zweiten Akt hatte ich mich besonders gefreut. Ich saß unheildrohend auf der obersten Stufe meiner etwas wakkeligen Treppe, und als Telramund sang: »Erhebe dich, Genossin meiner Schmach!«, erhob ich mich zu überragender Größe. Doch wer sich selbst erhöht, kann sehr schnell erniedrigt werden. Mein Temperament ließ mich die Unzuverlässigkeit meines Standortes vergessen, und bei dem furiosen Ausbruch: »Ha, nennst du deine Feigheit *Gott*?« überforderte meine heftige Gestik die Standfestigkeit der Treppe, sie fiel um, und Ortrud purzelte in die Kulissen. Telramund sah sich jäh um seine Partnerin gebracht, und das Publikum zitterte um die abendfüllende Sängerin.

Die »Genossin seiner Schmach« trat jedoch sofort wieder auf; zwar wirkte sie etwas kleiner, doch wurde das durch innere Größe ausgeglichen. Mizzi, deren Nerven durch

36

den Schwan bereits arg gelitten hatten und der ich bei meinem Sturz direkt vor die Füße gefallen war, zitterte nun vor meinem bevorstehenden Auftritt als »Elsa« auf dem Söller. Als ich zu meinem »Klagesang« in schwindelnder Höhe erschien, griff sie in panischer Angst nach mir und hielt mich an meinem Kostüm fest.

Ich war empört. Was fiel ihr ein? So eine Blamage! Was würde das Publikum zu einer Elsa sagen, die von ihrem Kindermädchen hinten festgehalten wird?

Das Publikum griff zu den Taschentüchern...

Auf den dritten Akt hatte Kurt den ganzen Abend gewartet – die Gralserzählung war für ihn das Glanzstück der Oper. Endlich würde sich sein hehres Rittertum in weltferner Silberschönheit offenbaren! Gleich war es so weit, Kurt stand in der Mitte der Bühne, innerlich und äußerlich umstrahlt, und wartete auf seinen Einsatz.

Willis Klaviermusik dauerte ihm zu lange, und er fing an: »In fernem...«

»Psst!« zischte Willi, denn bis zu Lohengrins Einsatz fehlten noch vierzehn Takte.

Nicht für Kurt. Er begann wieder: »In fernem Land...«

»Pssst!« kam es, diesmal laut und wütend.

Wagner durfte nicht dilettantisch beschnitten werden.

Kurt aber hatte für Willis kleinkarierte Pedanterie kein Verständnis, und so rief er: »Jetzt singe ich!« und begann, unbeirrt von Willis Protest die Gralserzählung zu singen. So laut, so ganz voll Gefühl und innerer Sendung, daß Willi nichts anderes übrig blieb, als dem störrischen Gralsritter zu folgen.

Kurt war hinreißend, und als er geendet hatte: »Sein Ritter – ich – bin Lohengrin genannt!«, da brach gegen alle Sitte ein orkanartiger Applaus los, der aber von dem Stardirigenten sofort wütend niedergezischt wurde. Wir waren doch nicht in der Mailänder Scala! Solche Unsitten durften in unserem Opernhaus gar nicht erst einreißen.

Dann kam die Stelle, an der Lohengrin den Schwan gegen den entzauberten Gottfried von Brabant eintauscht. Wir hatten für diese Rolle meine größte Puppe brabantisch bekleidet, und sie lag, für Lohengrin griffbereit, auf einem Schemel hinter der »Wiesenliege«. Das Versinken des Schwanes und das Auftreten Gottfrieds hatte bei allen Proben gut geklappt – kein Problem.

Nun aber war Kurt von dem unerwarteten Applaus so in Schwung gekommen, daß ihm der Puppengottfried, als er nach ihm greifen wollte, vom Schemel glitt. Lohengrin ließ sich nicht beirren – er legte sich glatt auf den Bauch und angelte in der Tiefe der »Schelde« nach dem Edlen von Brabant, erwischte ihn nur am Schopf und überreichte ihn wie eine Weihnachtsgans dem erstaunten König.

Bei dieser Suchaktion war Kurt der Helm in die Schelde gefallen, Mizzi hatte das bemerkt, war auf dem Bauch hinter die Wiesenliege gerobbt, und nun tauchte ihre Hand mit dem Helm aus der Tiefe des »Wassers« auf, und man hörte leise rufen: »Kurt, dein Helm!«

Das war unerhört: Kurt – wer hieß hier Kurt? Nun, wo alle Welt erfahren hatte, daß der geheimnisvoll-namenlose Ritter »Lohengrin« hieß, rief Mizzi »Kurt«! Er winkte empört ab, und Hand und Helm verschwanden.

Das überwältigte Publikum rief laut »Bravo!« – die Oper war ja gerade zu Ende gegangen – und »Bravo« machte sich entschieden besser als schallendes Gelächter am Ende einer so ergreifenden Oper!

Nächtliche Missetat

»So ein Schwein, ein ellendiges – wenn ich den erwisch!«

»Aber, um Gottes willen, Frau Absolonová, was haben Sie denn? Sie sind ja ganz aufgeregt!« rief meine Großmutter.

Frau Absolonová stand vor ihr, die Hände in die Hüften gestützt, den Kopf vorgestreckt wie eine angriffslustige Henne: »Was geschähen is? Schon dreimal hat mir so ein sakramentisches Ludr auf die Haustir gewieschelt! Ganz naß war die Tir und eine groose Lacke bis ins Haus hinein – svině mizerná!«

»Aber ich bitte Sie, Frau Absolonová, das wird halt ein Hund gewesen sein!«

»Hund? Nix is Hund! Hund macht sowas nicht. Hunde wiescheln an Baum, aber nicht an Haustir. Und ich sag Ihne, Frau Professor«, kam es leise und geheimnisvoll, »ich sag Ihne, das Schwein wohnt hier im Haus!«

»Aber, ich bitte Sie, das kann ich mir nicht denken.«

»Kennen nicht denken? No, ich kann! Abr ich hab schon mein Plan, wie werrich ihn erwischen. Ich setz mich ganz leise jäde Nacht hinter die Haustir und wart... Da werrich ja heren, wenn er wieder wieschelt. Und dann leise, leise aufsperren – und schon habbich ihm!«

»Aber Sie können doch jetzt nicht jede Nacht...«

»No, und *ob* ich kann! Wern Sie schon sähn!«

Frau Absolonová konnte alles. Sie saß von nun an jede Nacht auf einem kleinen Schemel hinter der Haustüre und lauschte auf den nässenden Missetäter. Wenn es klingelte, verbarg sie den Schemel rasch hinter ihrer Wohnungstüre, denn es durfte – außer meiner Großmutter – niemand merken, daß diese weise Spinne heimtückisch ihr Netz für den Verbrecher ausgespannt hatte. Alle im Hause wunderten sich, daß es jetzt immer viel länger dauerte, ehe sie öffnen kam. Spurenbeseitigung braucht ihre Zeit.

Wochen vergingen.

»Nun, was ist, Frau Absolonová, haben Sie Ihren Hund schon erwischt?«

»Nein, das Schwein kommt nicht! Abr mir is das wurscht – und wann ich noch zähn Jahre wartn mißte – den erwisch ich!«

Sie war so überzeugt, daß der Übeltäter hier im Hause wohnen müsse, daß kein Mensch sie davon hätte abbringen können.

Und dann kam sie eines Tages, strahlend, mit den triumphierenden Augen einer Siegerin: »Jetzt habbich ihm erwischt! Sähn Sie, ich hab's gewußt – aus *unserm*

Haus is er! No – das wern Sie nicht denken, was? Und was glaubn Sie, wer es is? No?«

Sie genoß den Augenblick ihrer großen Enthüllung so sehr, daß sie diese noch etwas hinauszögern wollte – Großmutter sollte vor innerer Spannung platzen!

»Aus unserem Haus? Wer kann das sein?«

»No also – was glaum Sie? Wer kann das sein – aus unserem Haus!«

»Ich habe keine Ahnung...«

»Das glaub ich – keine Ahnung. Ich hätt das auch nie von dem gedacht! So ein Schwein, so ein sakramentisches!«

»Nun sagen Sie doch, erzählen Sie, Frau Absolonová, Sie spannen mich ja auf die Folter!« Großmutter spielte ihre Rolle der Sensationsgierigen sehr überzeugend. Man durfte Frau Absolonová nicht enttäuschen.

»Also – passen Sie auf. Also – ich sitz gestrn abend wiedr auf mein Schammerl und horch. Nix. Ich wart und horch – immer nix. Iebrhaupt nix, stundenlang. Ich fang an, mir denken: der kommt heit wiedr nicht, das Schwein, das miserablige. Und justament, wie ich mir das so anfang denken – was heer ich da? Ich heer, es schleicht jemand leise, leise die zwei Stiegen hinauf zur Haustir. Und bleibt stehn. Und leitet nicht! Das is mir natirlich soffort vrdächtig. Was macht, denk ich, ein Mensch in der Nacht an Haustir, wenn er dorten nicht leitet? Also ich – geschait, wie ich bin – ich steck also schon ganz leise und vorsichtig den Schlissel ins Loch. Und dreh ihn schon bissl herum. Ganz leise natirlich. Das vrsteht sich

– ich bin ja nicht bläd! Und grad, wie ich dem Schlissel umgedreht hab, da her ich an die Haustir plätschrn! Ich also – wie ein Blitz – reiß die Haustir auf, und da stäht er! Mit offene Hosen und alles noch draußen... Und, was glaubn Sie, wer? Der Herr Swarowsky aus dem ersten Stock!«

»Was? Der Herr Swarowsky? Das kann ich gar nicht glauben!«

»No, wenn ich Ihne sag! Er war es! Leignen war ja unmeglich. Ich hab ihm natirlich angeschrien, Sie Schwein, Sie ellendiges, schämen Sie sich nicht, habbich ihm geschrien, mir auf meine Haustir wiescheln wie ein Hund, Sie Schwein!«

»Und was hat er gesagt?«

»No, was hat er gesagt? *Nix* hat er gesagt, gekuscht hat er, scheen gekuscht hat er. Und dann hat er was gekokkert, ihm is es paiinlich, hat er gesagt, ihm wär es ganz pletzlich so schlecht gewäsen, ganz pletzlich – und da hätt er es nicht mehr halten kennen, ihm wär das noch nie passiert. – Noch nie? habbich ihm angeschrien. Daß Sie nicht ersticken tun an dieser Lige, Unvrschämtheit! Schon dreimal habbich Ihr Gewieschel weggewischt, schon dreimal! Was glaubn Sie denn, was ich bin? Ein Dreckhadr fir Schweine? – No, da war er kusch. Und hat gesagt, es tut ihm leid. – Da habbich ihm gesagt, es tut leid, is nix – das kostet! Mit tut leid kann ich mir nix kaufen. No, da wollt er mir drei Kronen gäben – drei Kronen für dreimal Wiescheln! No, da muß ich ja lachen, muß ich da – was sagen Sie dazu! Drei Kronen fir dreimal Wiescheln – sowas sagt ein gebildeter Mann! No abr, da habbich ihm deitlich gesagt: erstens kostet zähn Kronen – mindestlich zähn – und wann Sie noch einmal, noch ein einziges Mal untrstähn sich was machen an meine Haustir, klein oder groß, dann is nix mehr mit Kronen, dann is nur noch mit Watschn – und das sag ich Ihne, meine Watschn, no servus, dagägen is jingste Gericht gemietliche Lustbarkait!«

Der Uhrmacher

Es war immer ein großes Ereignis, wenn in unserer Familie eine Uhr versagte. Wir hatten zwar einen hervorragenden Uhrmacher, bei dem diese sensitiven Gebilde bestens aufgehoben waren, aber er hatte eine Eigenart, die den Umgang mit ihm problematisch machte: er liebte seine Uhren und sah in ihnen schutzbedürftige Geschöpfe. Wenn also eine Uhr stehen blieb, war man in seinen Augen »schuldig«.

Herr Pospischil – so hieß er – hatte ein kleines Geschäft in einer Passage vom Graben zur Altstadt, einer vornehmen Geschäftsgegend in der Nähe des Wenzelsplatzes. Er war Tscheche, Mitte vierzig, mittelgroß und untersetzt, hatte kurze, struppige Haare und ein knolliges Gesicht. Seine Augen sahen den Gegner immer durchbohrend an, und seine buschigen Augenbrauen steigerten das Kriegerische seiner Blicke.

Ich brachte ihm eine verstummte Uhr: »Herr Pospischil, diese Uhr ist stehen geblieben.«

»Is stähn geblieben? Was hamm Sie mit ihr gemacht?«

»Gar nichts – sie blieb plötzlich stehen.«

»So. Pletzlich! No, das wern wir gleich sähn.« Sein Ton war grimmig, er hatte einen Übeltäter vor sich. Er klemmte sich eine Lupe ins linke Auge – und schwieg. In seinem Schweigen wurzelte die Verdammnis. Ich wartete zitternd.

»So! Sie hamm nix mit der Uhr gemacht? Nix? Ich wer Ihne sagen, was Sie hamm gemacht: hingeschmissen hamm Sie die Uhr! Was glaubn Sie denn, was eine Uhr is? Ein Fußball?«

»Aber, Herr Pospischil, glauben Sie mir…«

»A was! Glaubn Sie mir – ich brauch nix glaubn, ich *sähe!* Kein Vrstand hamms, das is es! Mit eine Uhr muß man *fihlen*, nicht schmeißen!«

»Aber, Herr Pospischil, wirklich, ich schwöre Ihnen –«

»A was! Schweren! Bei mir nitzt nix schweren. Wie die *Vandalen* hamm Sie die scheene Uhr mißhandlt, is direkt schad, sie reparieren und Ihne wiedergäben, so wie *Sie* damit umgehen. Wie die Vandalen!«

Bald weigerten sich sämtliche Familienmitglieder, zu Herrn Pospischil zu gehen und sich von ihm beschimpfen zu lassen.

Meine Mutter aber war heroisch und meinte, in Zukunft würde sie das übernehmen. Man müsse bei Herrn Pospischil eine ganz andere Taktik anwenden.

Diesmal war es ein besonders schwerer Fall, denn es

handelte sich bei der Versagenden um die kostbare Schaffhausener Uhr, die mein Vater vor Jahren bei Herrn Pospischil gekauft hatte. Dieser Kauf war eine heilige Handlung gewesen, umrahmt von dringenden, ja beschwörenden Ermahnungen, wie man dieses Kleinod behandeln müsse. Nun betrat meine Mutter das Geschäft des Herrn Pospischil mit dem Ausdruck tiefster Niedergeschlagenheit.

»Herr Pospischil – es ist etwas Entsetzliches passiert...«

»Mit einer Uhr?«

»Ja, und nicht mit irgendeiner Uhr... Denken Sie nur: die Schaffhausener... Es ist schrecklich – sie ist meinem Mann gestern, als er sie aufziehen wollte, aus der Hand gerutscht.«

»Die Schaffhausener?« schrie er auf wie ein todwundes Tier. »Gerutscht?«

Plötzlich veränderte sich seine Miene. Seine Augen wurden schmal, und er fragte eiskalt: »Wieviel Kindr hamm Sie?«

Meine Mutter sah ihn erstaunt an. »Wieviel Kinder? Drei...«

»So, drei Kinder... Und wie diese Kindr warn noch kleine Putzrln, klein und schwach – is Ihne da einmal so ein kleines Putzrl aus der Hand gerutscht? Ja oder nein!«

»Nein, natürlich nicht!«

»Aha!« schrie er. »Natierlich nicht! Und warum natierlich nicht? Ich wer Ihne sagen, warum nicht. Weil Sie aufgepaßt hamm. Aufgepaßt, daß dem Putzrl nix passiert. Aber so eine Uhr, das is ja nix; die kann man so einfach mir nix, dir nix fallen lassen. Der Pospischil, der is ja bleed, der macht's wieder Reparatur, was?«

Die letzten Worte hatte er meiner Mutter, sich weit über den Ladentisch neigend, ins Gesicht geschleudert wie einen giftigen Pfeil.

»Ich kann Sie ja verstehen, Herr Pospischil, wir finden es auch schrecklich, daß das passieren mußte ... Was meinen Sie, wie unglücklich mein Mann darüber ist!«

»A so was! Unglicklich is Ihr Mann – und das is alles? Nix vrstähn Sie – unglicklich ... Wo is er iebrhaupt? Warum kommt er nicht persänlich mit die seine Uhr? Traut sich nicht zu mir, der Herr Gemahl, was? Da denkt man, das is eine ährenwärte Persänlichkeit, der Herr Doktor, däm kann man so eine Uhr, so eine meistr-lige, schon vrkaufen, der is ja *gebildet*. Abr nein, nix is, es is ganz dassälbe wie mit die gewehnlichen Leite. Also, ich bitte, sagen Sie, an wän kann ich iebrhaupt noch eine solchene Uhr vrkaufen, wenn jetzt schon sogar die Her-ren Doktooooren mit ihre goldene Uhren herumschmeißen wie die Kannibalen?«

Seltsame Fahrgäste

Meine Großmutter besaß eine Familiengruft, die weit außerhalb Prags auf dem Wolschaner Friedhof lag. Sie wurde im Jahre 1835 erbaut in einem pseudogotischen Stil und war sehr feudal. Meine Urgroßeltern teilten das bittere Schicksal vieler Familien des 19. Jahrhunderts, die größere Zahl ihrer Kinder auf den Friedhof tragen zu müssen, und so waren diese Grüfte ein Heim des Schmerzes und des Gebetes, in dem man seinen verblichenen Kindern nahe sein wollte. Um diese makabre Familienzusammenführung möglichst innig gestalten zu können, mußten die Särge für die Hinterbliebenen zugänglich bleiben.

Durch ein schmiedeeisernes Gitter und eine verschlossene Glastüre kam man in den Innenraum der kleinen Kapelle. Sie war vom Priester geweiht worden, um den direkten Kontakt zum lieben Gott zu ermöglichen.

In der Mitte der Kapelle stand ein kleiner Altar, rechts und links davon waren auf schwarzen Marmortafeln die Namen und Daten der Toten mit goldenen Lettern eingraviert.

Vor dem Altar stand ein ebenfalls geweihter Betschemel, der in der Familiengeschichte eine große Rolle spielte.

In die Mitte des rötlichen Marmorfußbodens war eine dicke, runde Glasplatte eingelassen – neben der Glastüre die einzige Lichtquelle für das darunterliegende Gewölbe mit den Särgen. In dieses gelangte man über eine schmale, gewundene Treppe.

Mir war es immer unheimlich, dort hinunterzugehen. Die Finsternis, die feuchtkalte Luft, der Geruch vermoderter Blumen, und vor allem die vielen, kleinen Kindersärge ängstigten mich. Ich hielt mich immer dicht hinter meiner Großmutter und wäre um nichts in der Welt alleine in dieses Gewölbe gegangen.

Zweiundzwanzig Särge standen dort – Großmutter wußte genau, wer in welchem lag. Mir sagte das nichts: Onkel Guido, Tante Lini, Tante Agnes – gestaltlose Namen. Anders war es bei den pompösen Särgen meiner Urgroßeltern. Wir hatten im Wohnzimmer zwei große Ölgemälde von ihnen, und der Maler hatte ihre Augen so raffiniert gemalt, daß sie mich, wo immer ich stand, betrachteten. Das war mir unheimlich, und ich wagte unter diesen Blicken nichts Sträfliches zu tun, zu naschen, oder den kleineren Bruder zu verdreschen.

Und hier lagen sie also mit ihren wachen Blicken, die ich auch aus den Särgen noch zu fühlen meinte.

Ganz vorn stand der schwere Eichensarg meines Großvaters, daneben die silbernen Kindersärge seiner beiden Söhnchen. Das waren durch Großmutters lebendige Erzählungen doch schon meine eigenen Toten. Besonders Großvater . . . Alle, die ihn gekannt hatten, sprachen mit großer Verehrung von ihm, dem großen Arzt, dem bescheidenen Menschen.

Am Kopfende dieses Sarges lag ein schweres Samtkissen. Darauf kniete meine Großmutter immer und schien in einem langen, stillen Gebet mit ihrem Mann und ihren Kindern zu »sprechen«, versunken und ihrer Umwelt entglitten. Dies war für mich in gleichem Maße unheimlich und faszinierend. Es war eine so ganz andere Großmutter als zu Haus. Hier war sie unerreichbar, voll Demut, mit Tränen in den Augen und doch von einer ruhevollen Größe. Kein klagendes Jammerweib – im Gegenteil. Ihre innere Verbundenheit mit den geliebten

Angehörigen schien unzerstörbar, ihre Liebe war von solch wunderbarer Kraft, daß auch der Tod sie ihr nicht entwinden konnte. Genauso, wie sie zu Hause mit ihrem fröhlichen Temperament und ihrer intelligenten Vitalität im Mittelpunkt unserer Familie stand, war sie hier die große, innige Gefährtin der Verstummten. Dort waren ihre Gespräche laut und voll Humor, hier waren sie leise und voll Schmerz.

Damals begriff ich noch nicht, welch großes Beispiel diese winzige alte Frau mir mit dieser Haltung gab, wußte nicht, daß die Klage um die Toten unser Leben verringert, die liebevolle Verbundenheit zu ihnen aber die Trennung aufhebt und unseren Wurzeln eine neue Kraft zuführt. Die Toten leben in uns weiter, und in unserem Herzen liegt das Maß dafür.

Wenn sie ihre Zwiesprache mit den Toten beendet hatte, nahm sie die verwelkten Blumen von den Särgen, die sie mit einem kleinen Besen säuberte, bevor sie neue Blumen darauf niederlegte, wobei sie die Toten bekreuzigte.

Schrecklich war mir, daß sie mir zeigte, an welcher Stelle sie später einnmal ihren Sarg aufgestellt haben wollte. Ich liebte sie so sehr, daß mir ein Leben ohne sie unvorstellbar war. Da ich ihr aber an Haltung nicht nachstehen wollte, sagte ich einmal bei dieser Gelegenheit: »Ja, Großmutter, und wenn dann hier dein Sarg steht, werde ich dir immer deine Honigbonbons drauflegen, die du so gerne magst.«

Der Betschemel in der Kapelle hatte eine besondere Bedeutung. Meine Großmutter, das elfte Kind ihrer damals vierundvierzigjährigen Mutter, war bei der Geburt so schwach, daß die Ärzte zu einer Nottaufe rieten, weil das arme Kind den nächsten Tag nicht mehr erleben würde. So wurde in aller Eile in der großen Wohnung meiner Urgroßeltern ein Altar errichtet und geweiht, davor dieser Betschemel. Nachts schleppte sich die Wöchnerin vor diesen Altar und flehte in aller Inbrunst, auf dem Schemel kniend, um das Leben ihres Kindes. Daß es wirklich am Leben blieb, sahen alle als ein Wunder an. Seitdem galt dieser Schemel als wundertätig.

Meine Großmutter war sehr fromm, aber auch abergläubisch. Vom katholischen Standpunkt aus gesehen, war Aberglaube mit echtem Glauben unvereinbar. Meine Großmutter konnte beides.

Wenn sie mir die vielen Beweise der Wunder aufzählte, die dieser Betschemel in ihrer Familiengeschichte vollbracht hätte, betonte sie immer, daß man seine geheimen Kräfte nicht mißbrauchen dürfe, sonst wäre seine Kraft erloschen. Ich fand das sehr spannend, solche Geschichten waren ganz nach meinem Geschmack. Großmutter schärfte mir immer wieder ein, man dürfe diesem »Wunderschemel« nur ganz entscheidende Wünsche anvertrauen und müsse immer erst versuchen, den Dingen aus eigener Kraft eine günstigere Wendung zu geben. Erst wenn dies versage, in auswegloser Not, dürfe man den Schemel im Gebet aufsuchen.

Ihre Mahnung hat mich so tief beeindruckt, daß ich aus Angst vor einem Mißbrauch immer nach Rettungen aus mir selbst suchte.

Zweimal im Jahr mußte die Gruft gründlich gereinigt werden, mit Schrubber und Fensterleder. Das führte gewöhnlich Frau Absolonová aus, die sich gern etwas Geld dazu verdiente. Sie bekam zwanzig Kronen dafür.

Wieder einmal war dieser Großputztag gekommen. Meine schöne Tante Rickl aus Wien war gerade bei uns zu Besuch. Sie war der Meinung: »Warum so viel Geld ausgeben! Schau, jetzt bin ich hier, wir beide machen das gemeinsam. Das kostet dich keinen Heller, und es wird bestimmt viel gründlicher, als wenn Frau Absolonová das macht!«

Meine Großmutter war mit diesem Vorschlag sofort einverstanden, sie war eine sparsame Frau. Und Rickl war ihre Lieblingsnichte, jung und tüchtig – also, warum eigentlich nicht?

Sie zogen uralte Sachen an, hüllten ihre Häupter in scheußliche Kopftücher, bewaffneten sich mit Schrubbern, Putzlappen und zwei Eimern – in Prag sagte man »Kübel« – und gingen als wackere Vogelscheuchen zur Straßenbahnhaltestelle. Der Friedhof lag an der Endstation der Linie elf. Eine lange Fahrt stand ihnen bevor.

An der Haltestelle erregten sie beträchtliches Aufsehen. Zwei Damen in dieser Verkleidung und mit solchen Requisiten waren auffallend.

Die Straßenbahn kam, war aber so überfüllt, daß der mürrische Schaffner die beiden mit ihrem Putzmobiliar nicht einsteigen lassen wollte. Da kannte er meine Großmutter schlecht. Sie ignorierte seinen Protest und schubste ihn energisch mit dem Stiel ihres Schrubbers beiseite. Eine Walküre weiß, wozu sie ihren Speer verwenden kann!

Auch die anderen Fahrgäste machten dieser kleinen Energiebombe bereitwillig Platz, besonders die Männer, die gebannt auf die schöne, junge Vogelscheuchin hinter ihr starrten. Als die beiden Damen sich aber ins Wageninnere begeben wollten, versperrte der Schaffner ihnen wütend den Weg: »Die Kiebl und Bäsen bleiben draußen!«

Das sah meine Großmutter ein – echte Walküren kennen ihre Grenzen. Sie stellten also ihre Schrubber und Kübel auf der Plattform ab, und da man ihnen im Innenraum der Straßenbahn sofort ehrerbietig Platz gemacht hatte, setzten sie sich beruhigt hin.

Bald kamen die beiden in ein intensives Gespräch. Tante Rickl war Opernsängerin an der Wiener Volksoper – da gab es fesselnde Klatschgeschichten.

Schließlich war man an der Endstation angekommen. Die beiden Scheuchen hatten opernselig alles um sich längst vergessen und gingen munter zum Friedhof.

Bei der Blumenfrau, die unsere Großmutter schon seit Jahren kannte, blieben sie stehen. Sie bot die schönsten Blumen zu einem Sonderpreis an, denn es war eine Ehre für sie, die toten Angehörigen der Frau Hofrat Professor Ganghofner zu bedienen. Aber wie sah denn diese feine Dame heute aus? »Jessus, Frau Professr, heit hätt ich Sie fast nicht gekannt – diese Kleidr...«

»Ja, Frau Wondratschek, das ist nur, weil wir heute die

Gruft gründlich ... um Gotteswillen, Rickl – wo sind denn unsere Kübel?«

»Unsere ... Mein Gott! Die stehen noch in der Straßenbahn!«

Sie ließen die Blumen liegen – »Wir kommen später wieder!« – und eilten zurück zur Straßenbahnhaltestelle. Da stand auch wirklich eine Bahn. Tante Rickl sprang hinein: »Wo sind unsere Kübel?«

Der Schaffner verstand kein Wort Deutsch. Meine Großmutter half: »Kde jsou naše kiblíky?«

»Kiblíky?« Er sah sie entgeistert an.

Großmutter erkannte sofort: ein anderer Schaffner, keine Kübel, die falsche Bahn.

»Wir nehmen uns ein Taxi und fahren rasch der Straßenbahn nach. In der nächsten müssen ja die Kübel sein, die ist sicher gerade weggefahren.«

Sie sprangen wieder heraus und schrien: »Taxi! Taxi!« Weit und breit war aber keines zu sehen.

Der Schaffner überlegte verwirrt, weshalb diese beiden seltsamen Figuren in seiner Bahn Kübel vermutet hatten? Das war ihm noch nie vorgekommen.

Endlich kam eine Taxe zum Friedhof gefahren, aus der drei schwarz verschleierte Damen stiegen. Großmutter und Tante Rickl schrien: »Taxi!« und eilten darauf zu – es durfte ihnen nicht entkommen.

Dem Fahrer waren die merkwürdigen Weiber zwar etwas verdächtig, aber er wartete.

»Schnell, fahren Sie der Linie elf nach und wenn wir Ihnen sagen, dann halten Sie sofort!«

Mit den Damen stimmte etwas nicht – warum waren sie so aufgeregt und warum verfolgten sie eine Straßenbahn? Er fuhr los.

»Da! Eine Elf!« schrie Tante Rickl. Man mußte ihr zuvorkommen und sie an der nächsten Haltestelle erwarten. Dann die Kübel raus, mit dem Taxi zurück – ganz einfach. Es mußte nur schnell gehen...

Die Haltestelle war erreicht. »Warten Sie hier!« befahl meine Großmutter.

Die Damen stiegen aus dem Taxi – da kam auch schon die Bahn. In ihrem Eifer stürzten beide gleichzeitig hinein. Aber auf der Plattform stand nichts. Ach so, die andere Plattform – die Bahn hatte ja gewendet: vorn war jetzt hinten! Sie liefen durch das Wageninnere – da setzte sich die Bahn in Bewegung.

»Nicht fahren! Halt! Halt!«

Die Bahn fuhr. Tante Rickl lief zur Plattform und rief dem Taxifahrer zu: »Fahren Sie uns nach! Wir steigen gleich wieder aus!«

Er sah sie an, ohne zu begreifen: warum fuhr sie, wenn sie gar nicht wollte? Und was wollte sie überhaupt?

Sie schrie und zeigte mit großen Gesten: »Nachfaaahren!« Er tat es kopfschüttelnd.

Inzwischen hatten die beiden Kübeldamen die Straßenbahn durchsucht – aber von Kübeln und Schrubbern war nichts zu sehen. »Komm, Rickl, wir steigen aus.«

»Nix aussteigen – zahlen!« rief der Schaffner.

»Wofür zahlen? Wir wollten gar nicht fahren, wir suchen nur unsere Kübel!«

54

»Suchen, was wollen, erst zahlen!« Die zwei waren Verrückte, das war klar – doch war das ein Grund, sie umsonst zu befördern?

»Wir denken gar nicht daran!«

»Hier is nix denken, hier is zahlen, odr ich hol Pollizei!«
Polizei hielt auf, also zahlten sie lieber, zumal die nächste Haltestelle kam, an der brav das Taxi wartete. Der Fahrer war froh, als die Seltsamen wieder zu ihm einstiegen.

»Schnell, zur nächsten Haltestelle!«
Sie war bald erreicht. Kurz darauf kam auch schon die Bahn. Beide Damen sprangen hinein, aber gewitzt durch ihre Erfahrung, eine auf die vordere, eine auf die hintere Plattform.

Großmutter schob die Passagiere beiseite: »Sie stehen vor meinen Kübeln!«

Da kam der Schaffner – und erbleichte: »Jesusmarja-josefe! Sie sind ja schon wieder da? Sie sind doch grad aus meine Wagen ausgestiegen?«

Großmutter starrte den Schaffner an: es war derselbe, den sie soeben wütend verlassen hatte! Man hatte in der Aufregung dieselbe Bahn überholt. Nur schnell wieder aussteigen...

Der Schaffner rief dem Taxifahrer zu: »Fahren Sie die zwei gleich in die Kateřinka, dort sind sie sicher entsprungen!« Das war das Irrenhaus.

Ja, das klang überzeugend. Aber, zum Teufel, der Fahrer wollte nun endlich wissen, wen die beiden Weiber verfolgten; das gab eine spannende Geschichte am abend-

lichen Stammtisch. Solche Fahrgäste bekam er nicht alle Tage. Die Deutschen waren wirklich komische Leute...
Die leidgeprüften Jägerinnen entwarfen nun eine gezieltere Strategie: »Wir müssen das anders machen. Wir fahren mehrere Haltestellen weiter in die Stadt hinein, und an einer warten wir dann alle Elfer ab – in einer müssen ja unsere Kübel sein!«

Großartig geplant. Sie fuhren immer weiter in die Stadt zurück, wobei sie laut die überholten Straßenbahnen der Linie elf zählten: »Die erste . . . die zweite . . . die dritte . . .«

Der Taxifahrer konnte sich an keinen Fahrgast erinnern, der mit soviel Spannung Straßenbahnen gezählt hätte. Das mußte eine besondere Art von Irrsinn sein. Hochinteressant.

Schließlich rief meine Großmutter: »An der nächsten Haltestelle halten!«

Die beiden wußten: das Suchen mußte schnell gehen, damit man nicht wieder gewaltsam fortgefahren werden konnte.

Jede stand auf dem Posten, lauerte auf ihre Plattform, und wenn eine Bahn kam: hinein, prüfen, hinaus! Es ging wie geschmiert.

Der Taxifahrer beobachtete die gezielten Sprünge in die Bahnen und wieder heraus mit wachsender Verwirrung. Was um alle Welt bedeutete das?

Endlich, in der vierten Bahn, standen die Kübel. Großmutter schrie durch die überfüllte Bahn: »Rickl, ich hab sie, ich hab sie!«

Der Taxifahrer sprang aufgeregt aus seinem Auto – und blieb mit offenem Munde stehen: das war alles – zwei Kübel und zwei Schrubber? Nein, das konnte er nirgends erzählen, so etwas glaubt einem nicht einmal der beste Freund...

Großmutter hielt die Kübel und die Schrubber wie eine Siegespalme hoch und wollte gerade aussteigen, da versperrte der Schaffner ihr den Ausgang – er hatte den Walkürenauftritt von heute morgen nicht vergessen –:

»Erst zahlen!«

»Wofür soll ich zahlen?«

»Fir die Kiebl – was sonst?«

»Für die Kübel? Seit wann zahlt man für Kübel Fahrgeld? Das ist Gepäck!«

»Wann Kiebl fahrt mit Person, Kiebl is Gepäck. Kostet nix. Wann abr Kiebl fahrt ohne Person, Kiebl muß zahlen! Jetz fahr ich mit Kiebl und Bäsn schon sieben Stazion – das muß zahlen!«

Das war meiner Großmutter zu bunt. Sie richtete sich – so gut das ging – hoch auf und funkelte diesen lächerlichen Schaffner mit souveränem Herrscherblick an: »Nein, keinen Heller werde ich zahlen. Ein Kübel kann durch ganz Prag fahren, er ist Gepäck und er bleibt Gepäck. Und Sie werden mich jetzt sofort aussteigen lassen, sonst hole ich die Polizei.«

Das mit der Polizei hatte sie sich gut gemerkt. Diesmal kapitulierte der Schaffner. Und stolz schritt sie mit ihren Trophäen dem Taxifahrer zu, der sie voll Bewunderung erwartete. Sie war zwar verrückt, aber sie hatte Stil.

»Zurück zum Friedhof!«, befahl Großmutter. Die Taxi-
rechnung machte zweiundvierzig Kronen, meine Großmutter gab fünfzig: »Wenn schon, denn schon!«
Sie hatte Stil...

Großmama Hübner

Mein Vater hatte einen ausgeprägten Hübner-Familien-
stolz. Man hörte immer wieder von ihm: »Das kann nur
ein Hiebner!«, oder, wenn einer von uns in der Schule
besonders glanzvoll war: »Du bist eben ein echter
Hiebner!«
Dadurch bekam man eine Art Verantwortungsgefühl,
als wäre unser Name ein Qualitätsbegriff.
Leider saß mitten in Vaters Stammbaum ein schwarzes
Schaf: seine Mutter.
Wir konnten sie nicht leiden und nannten sie kühl
»die Großmama Hübner«, während wir unserer Großmutter Ganghofner die zärtlichsten Namen gaben; meist
nannten wir sie »Gonda«, eine kleinkindliche Verstam-
melung aus »Großmutter«. Großmama Hübner war eine
kleine Frau mit einer derben Figur und einem falten-
reichen Puppengesicht. Sie hatte dumme, neugierige Augen, grobe Hände mit gichtisch verknorpelten Fingern
und eine kreischende Stimme, die sich in unseren Ohren
querstellte.
Als junge Frau war sie von auffallender Schönheit ge-

wesen; doch geruhte sie nicht zu merken, daß davon nichts mehr übriggeblieben war, und so wurde sie im Alter zu einer lächerlichen Figur, eitel und geltungssüchtig. In ihrer Jugend war sie von zahlreichen Bewunderern umgeben gewesen, mühelos erntete sie Liebe und Verehrung. Im Alter wird das Mühelose der Jugendzeit zur Falle. Man kann die Rechnung nicht bezahlen.

Frauen mit weniger blendendem Äußeren haben es zunächst schwerer, ihnen steht das Betörende eines schönen Gesichtes nicht zur Verfügung, sie müssen etwas sein, um bemerkt zu werden. Sie müssen sich den Kontakt zu ihrer Umwelt durch Leistungen und ein starkes, inneres Engagement erkämpfen. Im Alter bleibt ihnen dann der Weg ins Leere erspart.

Unsere Großmütter waren typische Vertreterinnen dieser beiden Gegensätze. Die winzige Großmutter Ganghofner mit ihrer großen Nase in dem zarten Gesicht war nie eine schöne Frau gewesen. Aber welch ein Feuer leuchtete aus ihren klugen Augen! Sie war durch ihr Einfühlungsvermögen, ihren Takt, ihren Humor und ihre souveräne Gelassenheit eine hinreißende Partnerin, von allen geliebt und geachtet.

Großmama Hübner wurde von niemandem geachtet; auch sie liebte niemanden außer sich selbst. Eine ihrer hervorstechendsten Eigenschaften war, beleidigt zu sein. Ihre viel zu häufigen Besuche waren uns allen ein Greuel. Wenn wir schon ihre harte Stimme hörten: »Griß eich Gott, Kinderln, da bin ich wieder!«

Und dann ihre schrecklich nassen Küsse! Sie schlabberte

uns ab. Wenn es sich machen ließ, rannten wir sofort ins Badezimmer, um diese Gefühlswellen abzuwaschen. Wehe, wenn sie das bemerkte: »Um Gotteswillen, hab ich denn die Pest an mir?« Schwere Beleidigung.

Sie hatte ein ausgeprägtes Talent, uns immer das zu schenken, was man ganz und gar nicht brauchen konnte. Hatte sie etwas gestrickt, so war es scheußlich und paßte nicht; kaufte sie etwas, war es billiges Zeug, das gleich zerbrach, und dann meinte sie gekränkt: »No ja, wenn ich eich was schenk, bedeitet es eich ja nix – ihr machts alles kaputt!«

Aus allem, was sie sagte und tat, sprach ihre völlige Verständnislosigkeit – und das ist Kindern gegenüber eine Todsünde. Sie haben einen untrüglichen Sinn für Partnerschaft und geben an Zuneigung genau das wieder, was ihnen entgegengebracht wird. Sie aber brachte nichts und wollte alles.

Doch – sie brachte! Zu jedem Geburtstag eine schreckliche Torte. Mit viel Geschrei erschien sie an diesem Tag mit einer großen, runden Pappschachtel, die von Jahr zu Jahr schlapper wurde und deren Inhalt wir zur Genüge kannten. Bei der Übergabe schrie Großmama Hübner immer besonders grell: »Schauts einmal her, Kinderln, was ich eich heit wieder Scheenes mitbringe!«

Man mußte sich erwartungsvoll rund um die alte Schachtel der alten Schachtel aufstellen und gebannt das Abheben des Deckels verfolgen: »No, was glaubts ihr, was da drin is?«

Nebbich, eine deiner Scheißtorten!

»Also, jetz paßts auf, was eire Großmama da wieder Feines fir eich gebacken hat!«

Dann wurde der Deckel abgehoben und man mußte bei dem sich bietenden Anblick in lauten Jubel ausbrechen. Es kotzte uns an. Aber wir wußten, was man von uns erwartete und erfüllten es wohlerzogen.

Wenn die Torte dann dastand, rief die Großmama: »Bitte, erst bewundern!«

Das Monstrum war immer mit Blüten oder bunten Schleifchen dekoriert, sah scheußlich aus und schmeckte ebenso. Mein Bruder Kurt meinte: »Typisch nach alten Weibern.« Der Vergleich ließ sich nicht nachprüfen.

Auch ihre Erzählungen, denen wir uns immer bald entzogen, waren stinklangweilig; sie lebte ja nur von den mageren Sensatiönchen, die sie aus ihrem Damenkränzchen bezog: »Da hat mir doch gestern die Frau Apotheker Zibulka erzählt...« Lauter Tratschgeschichten, die niemanden interessierten, am wenigsten uns Kinder. Wenn sie merkte, daß wir entflohen waren, kam es beleidigt: »Was haben denn die Kinder gegen mich? No ja, mich liebt hier keiner – wenn ich nur schon tot wär!«

Tot-sein-wollen fand sie sehr effektvoll und erhoffte sich dramatische Liebesbeteuerungen und heftige Proteste. Sie kamen nie.

Zu ihren Lieblingsthemen gehörte die Klage über ihre finanzielle Misere: »Ich nage schon seit Tagen am Hungertuch...«

»Wie schmeckt denn das?« fragte einmal betont ahnungslos der kleine Kurt, worauf sie in Tränen ausbrach: »Ihr kennts mich nur verhehnen – niemand fihlt mit mir armen, gottverlassenen Frau!«

Tatsächlich waren ihre Einkünfte schmal, aber wenn mein Vater ihr Geld zukommen ließ, verwendete sie es nur für ihre Damenkränzchen, was ihn verstimmte. Daran war jedoch nichts zu ändern – ihre Damen gingen ihr über alles.

Einmal kam sie besonders aufgeregt angerannt: »Mit mir is es aus – ich bin total am Ende! Mein Lorgnon is zerbrochen, meinen Schirm hab ich in der Elektrischen liegenlassen, und mein scheener, neier Hut is naß geworden – ich muß mich umbringen! Mir bleibt nur Gas oder Strick! Morgen bring ich mich um – nein, morgen geht es nicht: da hab ich Damenkränzchen...«

Da sie ihre kleine Wohnung aus ihren Mitteln nicht bezahlen konnte, vermietete sie ein Zimmer. Sie nahm nur Herren. Damen waren Feindinnen – bis auf ihre Krähen im Kränzchen.

Mit ihren Zimmerherren erlebte sie immer »grauenvolle Katastrophen«, von denen sie uns erregt berichtete. Der eine hustete, das war tuberkuloseverdächtig, der andere hustete nicht, das war ihr unheimlich: »Man hört den Kerl nie!«, der eine rauchte zu viel: »Die ganze Wohnung stinkt«, der andere rauchte nicht: »Das ist kein Mann, dieser Waschlappen.«

Von allen Mietern fühlte sie sich sexuell bedroht. Sie betonte, daß sie sich nachts immer einschließen müsse. »Als Frau muß man sich schitzen, wenn man mit einem

Mann so ganz allein in der Wohnung is; womeglich wird er zudringlich...« Wunschtraum.

Einmal hatte sie ihr Zimmer längere Zeit nicht vermieten können und nagte wieder am Hungertuch, bis endlich ein neuer Zimmerherr in Sicht war. »Ich bitt eich, was soll ich machen? Da hat sich gestern ein netter, soignierter Herr gemeldet, der will das Zimmer unbedingt haben, aber mit der Bedingung, daß er die Urne seiner Mutter mitbringen darf. Er will mir dafir auch mehr zahlen, weil es ja sozusagen fir zwei Personen is. Aber soll ich den ieberhaupt nehmen mit einer Toten?«

Meine Mutter war dagegen: »Was ist das für ein Mensch! Den würde ich auf keinen Fall nehmen, Mama!«

»No ja, aber das viele Geld! Und was werden meine Damen dazu sagen – keine hat einen Zimmerherrn mit einer Urne...«

»Ja, wenn du meinst, dann nimm ihn...«

»Du sagst einfach, dann nimm ihm. Aber weißt du ieberhaupt, was das heißt? Mit einer Toten in der Wohnung? Und täglich soll ich sie abstauben, hat er gesagt, weil die Urne schwarz ist, und das sieht dann nicht hibsch aus. Mein Gott, das iberleb ich nicht – wenn ich nur schon tot wär!«

»Ich finde auch, du solltest ihn nicht nehmen.«

Sie nahm ihn.

Wir Kinder fanden diesen Zimmerherrn sehr interessant, und Großmamas kleine Wohnung in der Manesgasse wurde zur Attraktion. Wir hatten noch nie eine Urne gesehen, schwarz und mit was drin – großartig.

Kurt und ich beschlossen, sie zu besuchen. Meine Mutter fragte erstaunt: »Ihr wollt zur Großmama gehen?« Sie konnte sich das nicht erklären.

Großmama Hübner wohnte in einem düsteren Haus mit knarrenden Holzstiegen – genau die richtige Atmosphäre für unseren Gang zur Urne.

Die Fenster des Stiegenhauses waren aus buntem Glas und zeigten kitschige Motive aus Prag, die Moldau und Kirchtürme, sehr blau. Immer faszinierte uns dieses fahlblaue Licht, aber heute war es besonders eindrucksvoll. Auch der muffige Geruch im Stiegenhaus paßte zu unserer Stimmung.

Großmama Hübner war sehr ängstlich und öffnete erst, als sie uns durch den »Spion« an der Türe erkannt hatte, mit lautem Geschrei: »Jessus, Kinderln, das is aber eine Iberraschung! Kommts nur herein. Was verschafft mir denn die Ehre?«

Wir hätten gerne gesagt: »Deine Urne«, aber wir waren ja wohlerzogen...

Ihr winziges Wohnzimmer glich einem Möbellager, überall stand Sinnloses herum. Und alles war verziert mit bunten Handarbeiten, Deckchen und Kissen, ihr Fleiß mußte offenbar werden. Hinsetzen konnte man sich nicht: »Paß auf, der scheene Polster, daß er nicht zerdrickt wird!« Oder auch: »Paß auf, das scheene Deckerl, daß es nicht verrutscht!«

In einer Vitrine bewahrte sie unzählige Nippesfiguren und Andenken aus der Kaiserzeit auf. Diese hatte ihr Vater, der kaiserliche Amtsgerichtsrat Richter, bei seinen

Besuchen in Wien bekommen. Wir mußten sie immer wieder bewundern. Besonders einen winzigen, runden Kuchen in Medaillonformat, der in rosa Seide eingehüllt und mit dem Bild Kaiser Franz Josephs verziert war. Ihr Vater hatte ihn bei einem Festbankett in Schönbrunn bekommen. Diese Kuchen bewahrte man sich zum Andenken auf, man aß sie nicht. Wahrscheinlich schmeckten sie genauso greulich wie Großmamas Torten.

Großmama bot jedem von uns ein winziges Kekschen an: »Die andern brauch ich fir meine Damen.«

Dazu servierte sie uns ein kleines Glas Eierlikör, den sie selbst gemacht hatte. Er enthielt wenig Alkohol und war eigentlich nur eine gelbe Milchplempe – aber uns schmeckte er hervorragend. Wir hätten gerne mehr davon gehabt, aber: »Das muß ich fir meine Damen aufheben. Ich hab halt nicht viel, ich nage ja selbst am Hungertuch.«

»Ja, Großmama, das wissen wir. Wie geht es eigentlich deinem Zimmerherrn?« Wir mußten unserem Ziel endlich näher kommen.

»Stellts eich vor, der is pletzlich dienstlich nach Komotau gefahren – mit der Urne!«

»Was, die Urne ist nicht hier?«

»Nein, er hat gesagt, ohne seine Mutter fährt er nirgends hin. Da schleppt er die arme Tote nach Komotau! Und mit so einem Verrickten muß ich arme Frau zusamm' leben. Mein Gott, wenn ich nur schon tot wär!«

Weiß Gott – wozu hatte der Mensch solch eine Großmama? Zu nichts war sie zu verwenden!

Karl May

Gute Erzähler haben es in ihrer Familie oft schwer; sie ist so verwöhnt, daß sie immer anspruchsvoller wird: »Das hast du neulich besser erzählt...«

»Ach, schon wieder die Geschichte mit dem Fahrrad und der Kuh...«

So habe ich von den vielen Erlebnissen meines Vaters nur wenige behalten, weil ich an Zuhörerermüdung litt. Aber die Geschichte mit Karl May weiß ich noch genau.

Mein Vater verehrte ihn in seiner Jugend glühend, und als er in der Zeitung las, Karl May sei in Prag und wohne im Hotel »Blauer Stern« am Graben, stand sein Entschluß fest, zu ihm zu gehen und den großen, herrlichen »Old Shatterhand« um ein Autogramm zu bitten. Mein Vater war damals vierzehn Jahre alt und besuchte das Stephansgymnasium, das auch Franz Werfel und Franz Kafka besucht hatten und das in Prag einen hervorragenden Ruf genoß. Der Direktor war entsprechend stolz auf sein humanistisches Gymnasium, das er mit Würde und Strenge leitete. Nur »Geistesgrößen« sprossen dort empor...

Als mein Vater einem Mitschüler stolz erzählte: »Morgen gehe ich zu Karl May«, bat dieser inständig, ihn mitzunehmen. Vater war der Primus der Klasse, und so war es für den Knaben – er hieß Hans Waydelin – ein höchst wünschenswertes Erlebnis, mit dem Primus zu Karl May gehen zu dürfen. Mein Vater wäre viel lieber alleine gegangen – Großes soll man nicht teilen – aber Waydelin bat ihn so flehentlich, daß er es ihm nicht abschlagen wollte.

Vater besaß eine überdimensionale Ausgabe von »Winnetou«, in dunkelgrünes Leder gebunden, mit Goldschnitt – ein Prachtexemplar! Schwer wog es in seiner vor Erregung zitternden Hand, als er mit Waydelin beim Portier des »Blauen Stern« sagte: »Wir möchten Herrn Karl May sprechen.«

»Sind Sie angemeldet?« Der Portier war mißtrauisch.

»Ja natürlich, wir sind angemeldet. Wir kommen vom Stephansgymnasium.«

Das war wie eine goldene Visitenkarte – das Stephansgymnasium kannte jeder.

Der Portier rief einen Liftboy: »Führen Sie diese beiden jungen Herren zu Herrn May. Sie sind angemeldet.«

Der Boy lief ihnen voran und klopfte an Zimmer Nummer fünf.

»Herein!« Eine näselnde, dürre Männerstimme. Sicher irgendein vermickerter Indianersklave, der Old Shatterhand die Schuhe putzen durfte. In freudiger Spannung, dem großen Zusammentreffen nahe, traten die beiden Anbeter ein.

In dem großen Zimmer saß an einem Schreibtisch ein schmächtiges, ältliches Männlein, das den beiden freundlich entgegensah.

»Nuu – was wollt'r denn?« kam es in reinem Sächsisch.

Diesen Dialekt kannte mein Vater nur aus Lustspielen im Theater. Sein Klang verdarb den Ernst der Stunde. Wer war denn das? Was hatte dieser Kümmerling mit dem Herrlichen zu tun? Sein Sekretär?

»Bitte, wir möchten gern Herrn Karl May sprechen.«

»Nuu, dän säht'r ja vor eich – ich bin Garl May.«

Vater und Waydelin erstarrte das Blut in den Adern. Das war doch nicht möglich, diese halbe Portion Mann – Karl May?

Vater faßte sich schnell. Gut, Old Shatterhand war zwar jäh untergegangen, und die Story mit »edlem Geist in edlem Körper« war auch Schwindel, da stimmte eher das Nietzsche-Wort, daß die Rose von dem Mist nichts weiß, aus dem sie gediehen ist; aber nun war man einmal da, in Verehrung da – die mußte nun auch heroisch vorgetäuscht werden. Man war ja schauspielerisch begabt.

Mein Vater redete in seiner Verwirrung wie ein Buch. Welch ein großer Augenblick es für ihn sei, dem verehrten Dichter begegnen zu dürfen – dabei hielt er den Winnetou-Band wie eine Bibel umklammert, um seinen inneren Halt zu festigen – und ob Karl May die Güte haben wollte, seinen Namen in dieses Buch zu setzen. In der Rede meines Vaters war Blut und Feuer, was seinem Gegenüber so gänzlich fehlte. Der nickte wohlgefällig und sah die beiden Knaben aus blaßblauen Augen an. An diesem Manne war aber auch nichts flammend! Wenn er schon so klein war, konnte er denn dann nicht wenigstens einen Adlerblick haben? Das konnte man von seinem Lieblingsdichter doch wohl verlangen! Aber nichts, ganz und gar nichts Heroisches hatte dieses Männlein – eine langweilige, sächsische Nudelsuppe... Woher nahm dieser blasse Kopf nur seine herrlichen, atemberaubenden Geschichten? Ein Fehlgriff des Schöpfers.

Karl May beugte sich lächelnd über das ihm dargereichte Buch und setzte seinen Namen hinein. »Wie heißn Se denn, junger Mann?«

»Rolf Hübner.«

»So – Hiebner heißn Se – Hiebner...«

Meinem Vater stockte das Ohr. Dieser Dialekt! Diese Stimme! Es war bitter, einen Helden so schrumpfen zu sehen.

»Nu, sacht emol, was habt'r denn nu alles von mir geläsen?«

Mein Vater zählte ihm stolz alle Bücher auf, die er kannte und so sehr liebte.

»Nu und du? Was hast du geläsen?« wandte er sich an Waydelin.

»Ich? Ich... ich habe den ›Fluch des schwarzen Dämons‹ gelesen.«

»Wie saachst du? Den Fluch des – was?«

Mein Vater trat Waydelin in die Seite. Er kannte zwar den »Fluch des schwarzen Dämons« nicht, aber er wußte, von Karl May war der nicht!

Waydelin aber war so aufgeregt, daß er Vaters Warnung nicht bemerkte, und so wiederholte er: »Das Buch heißt: der Fluch des schwarzen Dämons.«

»Nuu sieh mol eener an – das genn ich doch gar nich,

das is nicht von mir – wo haste denn das Buch här, mei Jungchen?«

»Das Buch habe ich aus der Bibliothek unseres Gymnasiums geliehen.«

»Und du saachst, das wär von mir? Irrste dich da nich?«

»Nein, ich irre mich nicht. Das Buch ist von Ihnen.«

»Abr heer emol, das mißt'sch doch wissen – ich gänn doch meine Biecher, ich hab gee solches Buch geschriebn...«

»Aber es ist bestimmt von Ihnen, ich habe es aus unserer Schulbibliothek!«

Dieser Waydelin! War er denn von allen guten Indianergeistern verlassen? Diese Blamage! Mein Vater war verzweifelt und wußte, das Unheil mußte abgewandt werden.

Ihm mußte eine Rettung einfallen, aber welche?

»Herr May, Sie haben ganz recht... Waydelin irrt sich natürlich – er hat das nur in seiner Aufregung verwechselt... Sie müssen das verstehen, es ist ein so großes Erlebnis für uns, Sie kennen gelernt zu haben – da kann es schon passieren! Bitte verzeihen Sie diesen Irrtum...«

Vater redete fließend, überfließend und beschwörend, er wollte den Fehler wortreich aus dem Kopf des Dichters hinausreden. Aber es gelang ihm nicht. Kein Dichter läßt sich ein fremdes Werk unterschieben. Der Fluch des schwarzen Dämons hing unheilschwer im Raum...

Karl May machte sich in einem kleinen Büchlein Notizen, was meinen Vater sehr beunruhigte. »Saacht emol, von welchem Gymnasium gommt Ihr?«

»Vom Stephansgymnasium!« strahlte Waydelin.

»Und in wälcher Glasse?«

»In der Quarta!«

Auf dem Heimweg trug mein Vater schwer an seinem Winnetouband, an der Enttäuschung über Karl May und an der Blamage mit diesem idiotischen Waydelin! Warum hatte er ihn bloß mitgenommen! Das hatte er nun davon... Wie gerne hätte er seinen Mitschülern triumphierend die Unterschrift von Karl May gezeigt und von großen Gesprächen geprotzt, die er mit ihm geführt hätte... er, der Primus – und nun war alles dahin. Er fühlte sich gedemütigt und leer.

Am nächsten Tag übersah er Hans Waydelin in der Schule und folgte dem Unterricht lustlos und unaufmerksam.

Da geschah das Entsetzliche: In der dritten Stunde erschien der Herr Direktor im Klassenzimmer, wutschnaubend, bis in seine weißen Bartspitzen vor Empörung bebend: »Welche zwei Hornochsen waren gestern bei Herrn Karl May im ›Blauen Stern‹?«

Stille. Mein Vater erschrak zu Tode. Was sollte er tun? Schweigen? Nein, man mußte sich seinem Schicksal ehrenhaft stellen. Old Shatterhand, du Held, erhebe dich...

»Ich, Herr Direktor – ich war gestern bei Herrn Karl May.«

»Sie?« Das war doch ausgeschlossen!

»Das glaube ich nicht. Sie können das nicht gewesen sein! So eine Blamage können Sie der Schule nicht angetan haben! Herr May hat sich bei mir beschwert, daß wir Bücher verleihen, die fälschlich und mißbräuchlich mit seinem Namen versehen werden. Er hat sich unsere Bibliothek zeigen lassen. Ich möchte nur wissen, welcher Volltrottel ihm eingeredet hat, der ›Fluch des schwarzen Dämons‹ wäre von ihm, und dieses Buch befände sich unter seinem Namen in unserer Schulbibliothek? Also – wer war das?«

Mein Vater war inzwischen zum Märtyrer gereift und mußte nun den selbsterwählten Kelch bis zur Neige austrinken. Heroisch.

»Ich war es, Herr Direktor – in meiner Aufregung, vor Herrn Karl May zu stehen...«

»Papperlapapp! Sie waren das nicht! Herr May sprach von zwei Idioten! Also wer war der zweite Trottel?«

Waydelin erhob sich blaß: »Das war ich, Herr Direktor...«

Das paßte meinem Vater nicht. Er wollte ein Held sein und sich aufopfern.

»Der Waydelin war zwar mit mir, aber geredet habe nur ich!«

»Geredet haben nur Sie – so! Das stimmt. Herr May hat mir erzählt, wieviel Sie geredet haben. Aber den einen Satz, den verhängnisvollen, diskriminierenden, verleumderischen Satz, den haben nicht Sie verzapft! – Waydelin, kommen sie mit!«

Der Direktor rauschte wütend hinaus, der zarte Waydelin blaß und schlotternd hinter ihm... Mein Vater setzte sich hin – vernichtet. Kein Platz für Helden auf dieser

Welt... Karl May, sein großer Karl May, war klein und
geltungssüchtig! Und der dumme Waydelin hatte ihn,
Rolf Hübner, blamiert, und nun war dessen Opfergang
für ihn ins Leere gegangen, seine Stellung als strahlender
Primus hatte in der Klasse schwer gelitten – der Fluch
des schwarzen Dämons erfüllte sich...

Tschechen und Deutsche

Ich habe hier schon vielfach von den Konflikten in
unserer Familie erzählt, von den kleinen Reibereien, die
aus der Verschiedenartigkeit der Temperamente entstanden und die meine Mutter mit klugem Instinkt immer
zu schlichten wußte.
Konflikte gab es in Prag auch immer wieder zwischen
Tschechen und Deutschen – nur fehlte dieser großen
Familie die versöhnende Hand.
Thomas Garyk Masaryk, unser erster Präsident, war
eine große und integre Persönlichkeit. Er war ein sehr
gebildeter Mann, sprach mehrere Sprachen und bemühte
sich immer wieder um ein gutes Zusammenleben zwischen Tschechen und Deutschen. Aber seine Aufgabe war
schwer. Die Tschechen fanden, er müsse den Deutschen
energischer entgegentreten, und warfen ihm Deutsch-
freundlichkeit vor. Unter den Deutschen wiederum gab
es viele, die ihm niemals verzeihen konnten, daß er im
Jahre 1918 die Errichtung des tschechoslovakischen Staates durchgesetzt hatte.

Da gab es Gruppen, die ihren Kaiser Franz Josef immer noch tief im Herzen trugen, andere wieder schielten sehnsüchtig nach Deutschland und meinten, dort sei alles größer, schöner und glücklicher, und wenn man bedenkt, daß in diesem neuen Staate sechs Millionen Tschechen, drei Millionen Slovaken und vier Millionen Deutsche zusammenleben mußten, die alle untereinander oft zerstritten waren, wird man verstehen, daß die Führung dieses Staates nicht einfach war.

In Prag kam erschwerend dazu, daß es kein deutsches Proletariat gab, nur eine obere Schicht und einen Mittelstand. Woraus viele Deutsche für sich das Recht ableiteten, auf die Tschechen, die sie insgesamt dem Proletariat zurechneten, etwas dünkelhaft herabzusehen. Die älteren Tschechen nahmen dies meist hin – sie waren es aus der Zeit, da ihr Land noch zu Österreich gehört hatte, so gewohnt und dienten ihren »altösterreichischen« Herrschaften mit unveränderlicher Treue und Anhänglichkeit.

Den jüngeren Tschechen aber gab ihr neuer Staat ein chauvinistisch gefärbtes Selbstbewußtsein, und sie bedrängten Masaryk, den Deutschen ihre angestammten Rechte zu nehmen. Jetzt waren ja sie die Herren: diesen aufgeblasenen Deutschen müsse man es nun endlich zeigen!

Ein besonderer Dorn im Auge war ihnen das Deutsche Ständetheater, schon weil die Deutschen auf seine Geschichte so maßlos stolz waren. Es war im Jahre 1781 vom Grafen Anton von Nostiz-Rieneck erbaut worden,

und hier wurde 1787 Mozarts »Don Giovanni« urauf-
geführt, wodurch dieses Theater in aller Welt zu einem
kulturellen Begriff avanciert war.

Bald nach der Errichtung ihres Staates bedrängten die
Tschechen Masaryk, den Deutschen dieses Theater weg-
zunehmen, was er entschieden ablehnte. So meinten sie,
ohne seine Genehmigung handeln zu müssen, und be-
setzten eines Tages in blutigem Handstreich das Haus,
warfen die deutschen Künstler aus ihren Garderoben
und gaben um 20 Uhr eine tschechische Vorstellung. Es
kam zu Prügeleien zwischen dem deutschen und dem
organisierten tschechischen Publikum.

Die Empörung der Prager Deutschen war gewaltig; sie
fühlten sich an ihrer empfindlichsten Stelle getroffen.

Als man Masaryk stolz den Vollzug der Enteignung
berichtete, war er mit dieser Lösung ganz und gar nicht
einverstanden. Aber er unternahm nichts gegen sie; er
erklärte nur, dieses Theater nie wieder zu betreten. Dies
war den Deutschen zu wenig, den Tschechen zu viel.

Die Enteignung des Ständetheaters vergiftete die Atmosphäre zwischen Tschechen und Deutschen. Von nun
an ging kein Deutscher mehr in das tschechische Nationaltheater an der Moldau.

Wir Jüngeren fanden das idiotisch. Uns bewegte das
Ständetheater mit seinem Schicksal in keiner Weise; wir
hatten die Enteignung ja nicht miterlebt und wollten die
hervorragenden Opernaufführungen im Nationaltheater nicht versäumen. Als im Jahre 1930 Feodor Schaljapin im Nationaltheater als »Boris Godunow« gastierte,

wagte ich zitternd, meinen Vater um eine Sondergeneh-migung zu bitten – diese Vorstellung mußte ich sehen! Schaljapin gehörte zu meinen Göttern.

Das Pech war nur, daß mein Vater ganz andere Götter im Herzen trug. Er sah mich entsetzt an: »Ich habe dich wohl nicht recht verstanden? Du willst ins tschechische Nationaltheater gehen? Du, meine Tochter?«

Ich kam mir vor wie Aïda mit ihrem düsteren Amonas-ro-Vater – der Hochverrat saß mir im Nacken... »Ich dachte nur – – – dieses eine, einzige Mal, weil doch Schaljapin dort –«

»Wenn Schaljapin im Deutschen Theater singt, kannst du natürlich hingehen, aber das tschechische Nationaltheater wird von keinem aus unserer Familie betreten! Keine Widerrede!«

Ich war wütend. Auf Masaryk, weil er das mit dem Ständetheater zugelassen hatte, auf Vater, weil er so stur an seinem unverwelkbaren Haß festhielt, und auf Schal-japin, weil er im falschen Theater sang. Warum mußte alles auf dieser Welt so kompliziert sein? Ich kam zu der Ansicht, daß Erwachsene alles Einfache gern furchtbar schwierig machen...

Den Tschechen war auch die berühmte Deutsche Karls-universität ein Dorn im Auge. Sie wollten auch sie – gegen den Willen Masaryks – immer wieder »im Hand-streich« nehmen. Aber Studenten sind keine Sänger, die man mit drohender Miene aus ihren Räumen vertreiben kann, und unsere Studenten waren hellwach und mutig. Sie verschanzten sich oft tagelang gegen die Angriffe und wehrten sie jedesmal ab. Die tschechischen Glaser waren hoch beglückt: sie profitierten von den Kampfesmühen ihrer chauvinistischen Brüder. Kein Gebäude in Prag kam so oft in den Genuß neuer Fensterscheiben wie die Karlsuniversität.

Auch das Deutsche Haus am Graben war immer wieder die Zielscheibe des tschechischen Volkszornes. Ich habe das oft miterlebt. Dann wurde das schwere Eichentor abgeschlossen, und die Gäste wurden durch die Hintertüre in eine stille Seitengasse entlassen. Ich weiß nicht, warum die Tschechen uns dort nie erwarteten – der Fluchtweg war ihnen bekannt. Sie standen immer nur massiert auf dem Graben, warfen Steine in die Fenster, sangen die Hymne und ihr rhythmisches: »Němci ven, židi ven!« (Deutsche raus, Juden raus!)

Es ging ihnen sichtlich nicht darum, die deutschen Gäste im Nahkampf kleinzuhacken, sondern mehr um das große Pathos mit Gesang und Glasscherben. Masse braucht Raum, Gesang Akustik. Der Graben bot ihnen beides.

Wir Kinder fanden es immer spannend, wenn es hieß: »Gehts in die Hinterzimmer und machts das Licht aus – die Tschechen demonstrieren mal wieder.«

Wir dachten natürlich nicht daran, ins Hinterzimmer zu gehen. Die Erwachsenen schickten einen ja grundsätzlich fort, wenn es interessant wurde. Wir schlichen uns an die verdunkelten Fenster und sahen neugierig auf die Straße hinunter. Eigentlich beneidete ich die Tschechen ein bißchen – ihre Sprechchöre »Němci ven, židi ven!«

klangen sehr rhythmisch, und Kurt und ich machten das nach, was uns eine Ohrfeige unseres Vaters eintrug und zu der Erkenntnis führte, daß wir eine unterdrückte Nation waren.

Mein Vater sprach fließend Tschechisch und legte großen Wert darauf, daß wir diese schwierige Sprache ebenfalls beherrschten. Da man es aber aus politischen Gründen vermied, tschechisch zu sprechen, beschränkten sich meine Konversationsmöglichkeiten auf die Kontakte mit unseren jeweiligen Köchinnen – entsprechend war auch mein sprachliches Niveau. In jüdischen Familien war das anders, sie waren klüger und unterhielten sich auch zu Hause gelegentlich tschechisch, was wir verachtenswert fanden.

Franz Kafka, den mein Vater kannte, verkehrte viel mit tschechischen Dichtern und sprach mit ihnen nur tschechisch, was ihm sehr verübelt wurde. Aus Protest gegen diese »Anbiederung« las mein Vater kein Buch von ihm: »Das ist journalistischer Schmarrn.«

Die alten Tschechen lehnten die Revolutionstendenzen ihrer jüngeren Genossen ab. Sie hielten aus Gewohnheit und Treue an der sozialen Ordnung fest: die Deutschen waren die Oberschicht, man diente ihnen gerne und mit geheimer Verehrung. Viele Köchinnen blieben bis an ihr Lebensende bei ihrer deutschen »Herrschaft«.

Mein Urgroßvater, der kaiserliche Amtsgerichtsrat Richter, hatte solch eine treue Seele gehabt. Nach dem Tode seiner Frau führte sie ihm die Wirtschaft, und als er im Alter erblindete, wurde sie auch seine ständige Vor-

leserin. Da er ein geistig überaus reger Mann war und
– wie er sagte – sein »Hirn trainieren« wollte, beschränkten sich diese Vorlesungen nicht nur auf Zeitungen und
Romane, sie mußte ihm auch Klassiker vorlesen und
Bücher in lateinischer Sprache, was sich in ihrem »bem-
mischen« Tonfall überaus komisch anhörte. Besonders
liebte er die Oden des Horaz, was sie zu dem pikanten
Scherz anregte: »No also, soll ich heit wieder die Hoden
vom Horaz läsen?«
Diese Perle hieß Marianka und hatte ein glänzendes
Gedächtnis. So kannte sie bald große Partien aus den
Dramen von Schiller und Goethe auswendig und wandte
ihre literarischen Kenntnisse bei jeder Gelegenheit an.
Wenn mein Vater, der häufig bei ihnen zum Essen ein-
geladen war, zu spät kam, rief sie:
»Spät kommt Ihr, doch Ihr kommt, der lange Wäg ent-
schuldigt Eier Seimen!«
Und wenn ihr das Essen einmal mißlungen war, schlug
sie die Hände über dem Kopf zusammen und klagte:
   »Infandum renovare iubes dolorem regina!«
(Unsäglichen Schmerz heißest du mich erneuern, oh Kö-
nigin!)
Wenn sie etwas einkaufen ging, meldete sie sich vorher
immer bei meinem Urgroßvater ab:
»Johanna gäht, und zirka um finfe kährt sie wieder.«
Oder:
»Der Lord läßt sich entschuldigen, er is zu Schiff zum
Selcher.«
Als mein Vater einmal nachmittags kam und ihm nie-

mand öffnete, hörte er Marianka in der Waschküche singen. Als er dort eintreten wollte, stand neben der schmalen Türe ein Bottich mit eingeweichter Wäsche, rechts davon ein Kessel mit kochender Lauge.

»Passen Sie auf, junger Härr! Wenn Sie an dieser Szylla vorbeigekommen sind, daß Sie mir nicht in die Charybdis hineinfallen!«

Marianka gehörte zu den Tschechen, die ihren deutschen Herrn liebten und sich bedingungslos für ihn einsetzten. Mein Urgroßvater war eine stadtbekannte Persönlichkeit; so kam es bei Unruhen vor, daß die Demonstranten vor sein Haus zogen, die Fensterscheiben einwarfen und im Sprechchor Drohungen gegen ihn ausstießen. Dann litt Marianka schwer; jedesmal wollte sie vor das Haus laufen: »Diese Holota! Die muß ich verpriegeln!« (Holota heißt Gesindel.)

Man hatte Mühe, sie davon abzuhalten. Dann sank sie gebrochen auf ihren Küchenstuhl und jammerte: »Jaja, ich weiß:

In diese heilige Hallen kännt man die Rache nicht..!«

Als mein Urgroßvater im Sterben lag, rührte die treue Marianka sich nicht von seiner Seite.

Eines Nachts erwachte er kurz aus seinem Dämmerschlaf und murmelte: »Marianka, bin ich schon im Himmel?«

Sie streichelte ihn und sagte zärtlich: »Nein, gnädiger Härr, noch nicht, abr bald!«

Auch meinen Vater hat einmal ein Tscheche vor seinen eigenen Landsleuten gerettet. Vater war auf dem Heimweg in eine Gruppe tschechischer Demonstranten geraten, die in ihm sofort den Deutschen erkannten. Dafür hatte man in Prag ein untrügliches Auge.

»To je němec, zabijte ho!« (Das ist ein Deutscher – erschlagt ihn!)

Das hörte mein Vater nicht so gern. Etwa zwanzig rabiate, junge Burschen hatten ihn sofort umringt und schlugen ihm den Hut vom Kopf.

Deutscher Heldenmut war hier verfehlt, also sagte mein Vater in fließendem Tschechisch, was sie denn von ihm wollten, er sei kein Deutscher. Sie fielen darauf herein und ließen ihn los. Mein Vater ging weiter, doch mit jenem Fünkchen Angst im Gemüt, die ein echter Tscheche in diesem Fall nicht empfunden hätte. Ihm zitterten die deutschen Knie, und als er sich in einiger Entfernung befand, beschleunigte er seine Schritte. Das war falsch. Die ohnehin mißtrauischen Recken rannten mit lautem Gebrüll hinter ihm her. Er hatte zwar einen Vorsprung, aber ein Nurmi war er nicht.

Da sah er in einiger Entfernung seinen tschechischen Friseur, Herrn Brda, stehen, der sich den Tumult vor seinem verschlossenen Geschäft ansah. Mein Vater rief: »Herr Brda – helfen Sie mir!« In seiner Todesangst bedachte er nicht, daß auch Herr Brda gegen ihn sein könnte.

Aber Herr Brda überlegte keine Sekunde – einen alten Kunden läßt man nicht erschlagen.

Er schloß in höchster Eile seine Ladentür auf und ließ hinter meinem geretteten Vater die Jalousie mit Getöse herabrollen – die Glastüre sollte unbeschädigt bleiben.

Die aufgebrachte Kämpfergruppe bedrängte nun Herrn Brda: wo der elende Deutsche sei.

Antonín Brda war ein kleiner, schmächtiger Mann mit Brille. Aber der Herr Doktor Hübner war sein Kunde – er ließ ihn nicht von dahergelaufenen Rabauken erschlagen. Nicht vor seinem Laden. Wenn man die Deutschen auf dem Wenzelsplatz verprügelte – bitte schön – das war nationales Kampfgebiet. Das ging ihn nichts an. Aber hier? Vor seinem Laden ein Tribunal? Nein, das machte er nicht mit.

Das kleine Männlein stellte sich nun vor seinen Laden und sah die wilde Gruppe verachtungsvoll an. Ja, das wäre ein Deutscher, und es stimme, er hätte ihn in seinen Laden eingelassen, denn es wäre ein anständiger Deutscher, der niemandem etwas täte und den er seit Jahren kenne. Er würde nicht zulassen, daß ihm auch nur ein Haar gekrümmt würde. Dann müßten sie zuerst ihn erschlagen, ihn, den Tschechen! Das sollten sie sich erst einmal überlegen, ob eine deutsche Leiche ihnen so wichtig wäre, daß sie eine tschechische dazu haben wollten. – Sie schwiegen. Das mit den Leichen mißfiel ihnen. Eine deutsche – no ja, gegen die war prinzipiell nichts einzuwenden – aber eine tschechische? Ihnen kamen Bedenken. Sie machten zwar ihrem Zorn darüber Luft, daß ein Tscheche hier einen Deutschen beschützte, einige bespuckten ihn, er sei ein Verräter – dann aber verzogen sie sich.

Mein Vater hatte das alles, hinter der Ladentüre zit-

ternd, mitangehört. Der kleine Herr Brda – wie der ihn
verteidigte! Noch nie in all den Jahren hatte er diesem
unscheinbaren Männlein besondere Beachtung geschenkt.
Haare schneiden, zahlen, besten Dank, Herr Doktor,
meine Verährung. Zwei Hände mit Kamm und Schere.
Und nun stand auf einmal ein Mensch vor ihm. Ein
Mensch, der bereit gewesen war, sich für ihn zu opfern.
Ein Tscheche...
Die jungen Tschechen waren ganz anders. Sie waren voll
Selbstbewußtsein, ihnen fehlte die Beziehung zur österreichischen Kaiserzeit, sie waren stolz auf ihren jungen
Staat und fühlten sich von den Deutschen gestört und
herausgefordert. Die Deutschen mußten endlich aufhö-
ren, dominieren zu wollen, sie mußten unterdrückt und
möglichst beseitigt werden. Der Deutsche war nicht nur
ihr Sprach-, er war auch ihr Klassenfeind. Schon die
Kinder wurden in dieser Richtung erzogen. So wurde
ich als Kind oft von tschechischen Kindern angegriffen,
wenn sie in der Überzahl waren. Man nahm mir den
Ball oder die Puppe weg, warf den Puppenwagen um
oder spuckte mich an. Das war besonders beliebt, und
ich empfand es als erniedrigend. Kinder haben ein ausgeprägtes Ehrgefühl, und so schlugen diese Erniedrigun-
gen bei mir allmählich in Haßgefühle um. Ganz gegen
meinen Willen – ich war sehr friedlich veranlagt – begann ich, in tschechischen Kindern meine Feinde zu sehen
und alles Deutsche zu bewundern. Deutschland kannte
ich nicht, um so schöner stellte ich es mir vor. Dort wurde
man nicht bespuckt, wenn man deutsch redete, kein Kind

83

wurde beim Spielen belästigt – es mußte ein herrliches Land des Glückes und der Freiheit sein! Deutschland über alles. Meine Eltern ahnten nichts von dieser inneren Entwicklung, für sie galt nur Österreich. Kinder sperren sich ja grundsätzlich gegen alles, wovon die Erwachsenen schwärmen, schon aus Protest. So entwickelten wir drei Kinder uns zu »Geheimpreußen«. Doch davon später.

Mein Bruder Willi und ich hatten denselben Schulweg. Nur Dienstag kam ich immer alleine nach Hause, weil mein Unterricht eine Stunde früher beendet war.

Eine Gruppe tschechischer Kinder aus der Nachbarschaft wußte das. Die Straße, durch die wir gingen, bevor man zu unserem Haus einbog, war klein und meist menschenleer.

Als ich nun wieder einmal an einem Dienstag allein nach Hause ging, sah ich die Kinder schon von weitem an einer Hauswand stehen und sah auch, daß sie alle »bewaffnet« waren. Mit Teppichklopfern, Handbesen und Kochlöffeln. Daß diese Munition mir galt, war klar. Was tun?

Ich war acht Jahre alt, klein und zart und in außerfamiliären Prügeleien unerfahren. Die Entfernung zwischen mir und der Gruppe war noch ziemlich groß – ich hätte ihnen noch entfliehen können. Doch damit hätte ich ihnen gezeigt, daß ich mich vor ihnen fürchtete. Stimmte genau. Aber Flucht war ganz gegen mein inneres »Preußentum«. Außerdem fiel mir Schillers heroische Königin Maria Stuart ein: keine Furcht vor dem Henker. Ich fühlte mich mit jedem Schritt innerlich wachsen, meine seelische Größe hatte gerade ihren Höhepunkt erreicht – da war ich in der Gefahrenzone angelangt, und die Horde fiel mit lautem Gebrüll über mich her.

Sie schlugen mit ihren Waffen auf mich ein, bespuckten mich und schrieen »deutsches Schwein!«. Ein kleiner Junge bearbeitete meine Hand, die krampfhaft die Schultasche festhielt, mit einem Korkenzieher, was besonders schmerzhaft war. Ich tat, als merke ich das alles nicht, ich war wie besessen von dem Gedanken, große Heroine zu sein und versuchte, meinen Weg unbeirrt weiterzuschreiten. Gleich kam unsere Straßenecke und das rettende Haustor!

In diesem Augenblick kam Frau Absolonová mit einem Eimer voll Schmutzwasser, den sie in den Abfluß vor unserem Hause entleeren wollte. Ich rief nicht nach ihr – eine Maria Stuart fleht doch eine Hausmeisterin nicht um Beistand an! Sie ist mit ihrem Schicksal vor ihrem Schöpfer allein.

Der Schöpfer veranlaßte Frau Absolonová, die Situation sofort zu durchschauen. Sie kam wie eine Furie angerannt und entleerte den ganzen Eimer – schwapp! – über die Angreifer. Und sie schrie sie mit ihrem unflätigsten Vokabular an. Was das für eine Schweinerei wäre, Saukerle, acht Lausbuben auf ein kleines Mädchen, schämen sollten sie sich... Sie entriß ihnen die Waffen und verprügelte sie damit so wütend, daß die Kinder sich, wahrhaft begossen, verzogen. Die Waffen behielt sie ein.

Ich war zwar in Sicherheit, aber das Ganze war mir höchst fatal. Mein königliches Image hatte gelitten. Frau

Absolonová als Retterin – nein, das gefiel mir gar nicht. Ja, wenn es eine Art Lohengrin gewesen wäre, ein unbekannter, männlicher Held – aber die Hausmeisterin!

Sie sah mich entsetzt an: »Jesusmarja, Fridinko, Sie bluten ja – und wie Ihr Manterl aussieht – diese Scheißkerle!« Sie wollte mich in ihre Wohnung ziehen, um mich zu säubern.

Ich ließ es nicht zu – nein, ich wollte mit frischem Blut und allen Kampfesspuren nach Hause kommen. Meinen Auftritt als Märtyrerin genoß ich; man sollte um mich zittern und mich bewundern.

Aber auch das klappte nicht. Denn meine Großmutter öffnete mir die Türe, sah mich an und fragte: »Wie siehst du denn aus?«

»Das waren die tschechischen Kinder...«

»Was für tschechische Kinder?«

»Die uns immer auflauern.«

»So? Die lauern euch auf? Denen werd ich's zeigen!« Sie ergriff ihren Stock und wollte die Wohnung verlassen; so mußte ich ihr erzählen, daß Frau Absolonová sie schon verprügelt hatte. Mir wurde entsetzlich klar, daß diese kleine Frau, die nicht viel größer war als ich, mit den Burschen fertig geworden wäre. Niemand hätte sich an sie herangewagt.

Noch schlimmer wurde es, als mittags die Männer unserer Familie von meiner Tragödie erfuhren. Vor allem die Brüder: »Du blöde Gans – warum hast du dich denn nicht gewehrt? Typisch Weib! Sowas Vertrotteltes, sich einfach still verprügeln zu lassen. Beschissen warst du,

weiter nichts. Es geschieht dir ganz recht – so eine Kuh
kann man ja nur verprügeln!«

Ich war den Tränen nahe. Nun war ich doch so helden-
mütig und königlich gewesen – und diese ekelhaften
Brüder sahen in mir nur die dumme Gans. Das war echtes Märtyrertum...

Die Preußen kommen

In meinem Elternhaus wurde alles verherrlicht, was
österreichisch war. Dagegen die Preußen: ein humor-
loses, stures Volk von bienenhaftem Fleiß, aber ohne
jede Phantasie. Man sehe das schon allein bei einem Vergleich der Hauptstädte: Berlin sei eine architektonische
Mißgeburt; Wien dagegen – eine Stadt, an deren Bauten
sich die uralte Geschichte und Tradition ablesen lasse,
eine Stadt, in der Kultur, Noblesse, Charme und Liebenswürdigkeit herrschten. Das alles gehe den Preußen
gänzlich ab; sie bestünden nur aus zickzackiger Tüchtig-
keit. Und die deutsche Küche sei ungenießbar: alle Nach-
speisen wackeln und schmecken nach Chemikalien. Die
österreichischen Mehlspeisen wiederum: Poesie für den
Gaumen! Und die österreichischen Kaffeehäuser – wie
gemütlich und geschmackvoll, mit Atmosphäre und wie
geschaffen für anregende geistige Gespräche. Dagegen
Berlin mit seinen Stehbierlokalen – überhaupt kein Vergleich! Einen Menschen, der stehend und in Eile ißt,

könne man nur als eine geistlose Freßmaschine bezeich-
nen.

»Diese Menschen haben kein Niveau, sie sind eben nur
›tüchtig‹ «, meinte unser Vater voll Spott.

Selbst unsere Großmutter erzählte uns von einer Berliner Familie, die sie einmal bei sich zu Gast gehabt hätte.
Morgens hätten sie ihren Preußensäugling immer nackt
auf eine Decke gelegt, das Fenster weit geöffnet und die
Ärmchen des Babys rhythmisch auf und abbewegt, wozu
sie gerufen hätten: »Er-tüchtigung, Er-tüchtigung!«

Je mehr man die Preußen verspottete, desto hartnäckiger
ergriffen wir Kinder ihre Partei. Allerdings nur ganz im
geheimen; ein offizielles Bekenntnis wäre eine Todsünde
gewesen und völlig sinnlos: Die Großen hätten uns für
meschugge erklärt. Auch Vaters Verehrung für die Kai-
serin Maria Theresia und sein Abscheu gegen Friedrich
den Großen bewirkten bei uns genau das Gegenteil. Als
Kurt zu Weihnachten Zinnsoldaten mit preußischen und
österreichischen Uniformen bekam, ernannte er den
schönsten Reiter auf einem weißen Pferd zum Preußen-
könig Friedrich. Der siegte immer, während die Österreicher geschlagen auf dem Teppich herumlagen. Nur
wenn Vater ins Zimmer kam, warf Kurt die sieghaften
Preußen rasch mit einem Handstreich um und stellte die
Österreicher auf. Preußische Sieger hätte Vater ihm
schwer verübelt – nieder mit den Preußen!

Auch meine Großmutter liebte die Preußen nicht besonders, doch war ihr Vorurteil nicht gar so kompromißlos
wie etwa bei unserem Vater. Sie hatte noch deutliche

Erinnerungen an die Zeit der Schlacht bei Königgrätz im Jahre 1866, die sie als kleines Mädchen miterlebt hatte.

Damals, so erzählte sie uns oft, hätten in Prag Schauergeschichten über die Grausamkeit der preußischen Soldaten die Runde gemacht. Es hieß, sie hackten den Kindern die Hände ab, vergewaltigten die Frauen, nagelten die Männer an die Haustore und brennten alles nieder, was ihnen in den Weg kam.

Nun war die Schlacht bei Königgrätz verloren, der Einmarsch der Preußen in Prag stand bevor, und alles zitterte vor diesen Barbaren... In tödlicher Angst verbarg man Frauen und Kinder und verschloß die Haustüren. Kein Mensch setzte den Fuß auf die Straße.

Die Urgroßeltern hatten auf dem Wenzelsplatz ein schönes, großes Haus.

Der Wenzelsplatz hieß damals noch »Roßmarkt« und war von einer Stadtmauer begrenzt. Auch hier war das »Roßtor« fest verschlossen.

Großmutter war damals sechs Jahre alt, für ihr Alter sehr zart und klein – und überaus neugierig. Man hatte ihre beiden schönen älteren Schwestern verborgen und sie selbst in der Aufregung ganz vergessen. Das war ihr nur angenehm. Sie hatte sich hinter einem schweren Vorhang am Fenster versteckt und sah nun, auf den Zehenspitzen stehend, neugierig auf den Roßmarkt hinunter.

Da kamen sie, die Preußen. Donnerwetter, die sahen ja prächtig aus – die schönen Pferde und die herrlichen Uniformen! Und wie sie marschierten – das klappte ja hervorragend! Und dann die Musik – so etwas hatte sie noch nie gehört. Ganz andere Instrumente hatten die; lustig klang das, diese Flöten – am liebsten wäre sie auf die Straße gelaufen und mitmarschiert.

Oh Gott – was war denn das? Da hielt eine Gruppe direkt vor ihrem Haus, und sie hörte, wie man heftig ans Haustor klopfte. Ihre Hände – das hatte sie ja ganz vergessen! – nun würden sie ihr sicher gleich abgehackt! Man durfte sie auf keinen Fall finden...

Im Haus blieb alles ruhig, und das Klopfen wurde wiederholt, diesmal barbarisch laut. Mein Gott, was sollte man tun? Ihr Vater ging gottergeben und mutig hinunter zu seinen Feinden. Wenn nur seinen Frauen und der Kleinen nichts geschah – du meine Güte, wo steckte die überhaupt? Beklommen öffnete er die Haustüre. Was würde nun geschehen?

Vor ihm stand ein blonder junger Korporal, der stramm salutierte. Zackig, aber in sehr höflichem Ton sagte er, daß er bedaure, in diesem Hause für vier Tage Quartier machen zu müssen. Für seinen Offizier. »Wir werden der jnädijen Frau keene Umstände machen – wir verpflejen uns selbst.«

Mein Urgroßvater bat ihn hinauf, damit er sich ein passendes Zimmer aussuchen könne.

»Nee, vielen Dank – det übalassen wir janz der Frau Jemahlin, da wollen wir nich unnötich belästijen. Herr Oberst Werner kommen heut nachmittag um drei Uhr. Juten Tach!«

Nicht unnötig belästigen? Waren das die Barbaren?

Meine Urgroßeltern hatten eine sehr großzügige Vorstellung von Gastfreundschaft – wenn nun schon ein
gottverdammter Preußenoberst bei ihnen wohnen mußte, sollte er sehen, daß dies ein vornehmes Österreicher-
haus war. Zum Teufel noch einmal!

Meine Urgroßmutter ließ ein schönes Zimmer für den
Gast zurechtmachen und beschloß, ihn heute abend zu
einem echt Prager Essen einzuladen – Selchfleisch mit
Kraut und Semmelknödeln.

Um drei Uhr – pünktlich wie eine preußische Kirchturm-
uhr – erschienen die beiden. Herr Oberst Werner war
ein riesengroßer, schlanker Mann; er sah sehr sympathisch aus – gar nicht so preußisch... Man begegnete einander höflich, aber distanziert. Das änderte sich, als das
kleine neugierige Mädchen – meine Großmutter – ins
Zimmer kam. Kaum hatte der Oberst sie erblickt, ging
er auf sie zu und hob sie lachend in seine schwindelnde
Höhe: »So ein süßes Mädelchen habe ich auch zu Hause.
Vier Jahre ist sie alt – genau wie dieses Püppchen!«

Na, das war vielleicht eine Unverschämtheit! Vier Jahre!
Ein Elefantenkind mußte dieser Preuße zu Hause haben
– barbarisch!

Oberst Werner war durch das Auftreten des Kindes wie
umgewandelt. Nichts mehr von gemessener Höflichkeit;
er nahm die Kleine auf den Schoß, zeigte ihr Fotografien
seiner Familie, wollte ihre Puppen sehen – der Feind-
status war vergessen.

Das Abendessen schmeckte ihm »vorzüüchlich«, und so
schlug meine Urgroßmutter ihm vor, auf die Feldküchen-

verpflegung zu verzichten und in diesen vier Tagen ihr Gast zu sein. Er war sofort einverstanden.

Meine Urgroßmutter war für ihre gute Küche bekannt, und da sie bemerkt hatte, wie gut ihrem Gast die Knödel schmeckten, stellte sie die Mahlzeiten in den vier Tagen so zusammen, daß er sie – zu seinem hellen Entzücken – öfter vorgesetzt bekam.

Beim Abschied bedankte er sich herzlich und nahm das kleine Mädchen noch einmal gerührt auf den Arm. Er sah sie lange und zärtlich an: »Bleib schön jesund, du liebes, kleenes Püppchen!«

Sie mochte das mit dem »Püppchen« gar nicht, und daß er ihr auch noch einen Kuß auf die Wange gab, störte sie. Wenn schon Feind, dann richtig.

Seit dem Abschied von Oberst Werner waren etwa zwei Stunden vergangen. Da klopfte es wieder an die Haustüre. Nanu? Eine neue Einquartierung? Zogen denn diese Preußen überhaupt nicht mehr ab?

Das Stubenmädchen ging hinunter. Da stand der Korporal mit einem riesigen Blumenstrauß und einem Päckchen in der Hand: »Von Herrn Oberst Werner für die jnädije Frau und er läßt nochmals danken für die vorzüchlichen Klöße!«

Klöße? Was war das? Als das Mädchen diesen Satz wortgetreu ausrichtete, war großes Rätselraten. Was mochte der Preuße damit gemeint haben? »Klöße« – was zum Teufel war das? Man müßte ein preußisches Wörterbuch haben. Da fiel es meinem Urgroßvater ein. Sein Umgang mit Goethe während seiner Lehrzeit in Marienbad hatte

ihn weltweit gebildet: »Der Kerl meint deine *Knödel*!
Die Preußen nennen das Klöße!«
Na so was – da war man von Deutschen besiegt worden,
und dann konnten die nicht einmal deutsch!
Auf dem Päckchen stand: »Dem süßen, kleinen Püpp-
chen...« Darin war eine Puppe mit langen, blonden
Zöpfen. Das Püppchen liebte Puppen, und diese war
besonders hübsch.
Mein Gott, was waren diese Preußen doch für verwir-
rende Feinde!

Richard Tauber

Wenn meine Großmutter auch oft auf die Preußen
schimpfte und sie lächerlich machte, insgeheim bewun-
derte sie vieles an ihnen. Ähnlich gespalten war auch ihr
Verhältnis zu den Juden. Mit einigen war sie innig befreundet, drei ihrer Nichten waren mit Juden verheiratet, mit denen sie sich glänzend verstand. Allen Juden
aber, die sie nicht näher kannte, gab sie jüdisch klingende
Namen. Hieß einer »Jäger«, dann nannte sie ihn »Jei-
teles«, hieß er »Kobler«, meinte sie, der hieße sicher
»Kohn« oder »Kobeles«.
Antisemiten lehnte sie energisch ab. Die »Deutschnatio-
nalen« mit antisemitischer Einstellung nannte sie abfäl-
lig »die Doppeldeutschen« und meinte: »Die stinken
nach blondem Schweiß!«

Auch von dem berühmten Sänger Richard Tauber behauptete sie, er habe »Taubeles« geheißen und nannte ihn immer so. Er hätte zwar eine schöne Stimme, aber »ä jiddische Nois und zwaa linke Fieß«.

Sie hatte seine Mutter gekannt. Diese hatte ihr erzählt, daß Richard ein zartes, kränkliches Kind gewesen sei, das ihr große Sorgen gemacht habe. Da er als Knabe eine leichte Anämie hatte, sei ihm verordnet worden, täglich geschabte rohe Kalbsleber zu essen.

Das beeindruckte mich tief. Wenn ich in der Küche sah, daß die Köchin rohe Leber schabte, stieg Richard Tauber in meiner Achtung kolossal! Es war für mich unvorstellbar, daß ein Mensch diesen blutigen Schlabberkram jeden Tag essen konnte, ohne sich zu übergeben.

Als Richard Tauber eines Tages bei uns gastierte, ging die ganze Familie ins Theater. Diesen Leberhelden mußte ich sehen. Seine Stimme kannte ich schon von vielen Schallplatten, und ich verehrte ihn sehr. So sah ich seinem Gastspiel mit großen Erwartungen entgegen.

Große Erwartungen sind zweischneidig; sie schwingen unser Gemüt in Höhen, in denen sich dämpfende Nebel bereithalten. So war es auch diesmal. Uns mißfiel schon das Programm: es begann mit dem ersten Akt aus Leoncavallos »Bajazzo«. Dann kam der letzte Akt aus Lehárs »Land des Lächelns«. Und nach der Pause der letzte Akt einer Operette von Richard Tauber, den er selbst dirigierte. – Im »Bajazzo« war ich von Richard Tauber noch begeistert. Er war hinreißend, und das berühmte »Lache, Bajazzo« ging mir an die Leber – ungeschabt. Aber dann der Lehár! Nichts gegen seine Operette... Richard Tauber sah auch wunderbar chinesisch aus, spielte gut, sang schön – aber zuerst der erschütternde Bajazzo, der in schluchzender Seelenqual »lachen« muß, und danach der Chinese, der »immer nur lächelt« – nein, das war ein Abstieg. Der Schritt vom Lachen zum Lächeln und von Leoncavallo zu Lehár war zu groß.

Meine immer so enthusiastische Großmutter, die nach dem »Bajazzo« noch heftig applaudiert hatte, saß wie der versteinerte Komtur neben mir. Und ich? Wo blieb ich mit meiner vorgefaßten Begeisterung für den großen Richard Tauber?

Nach der Pause erschien er im Frack und schwang sich, ein Monokel im Auge, auf das Dirigentenpult. Das Publikum applaudierte, doch klang der Beifall schon etwas matt...

Und nun war der Schritt abwärts noch unendlich viel größer. Wofür hielt Richard Tauber das Prager Publikum? Waren wir ein genügsames Provinznest, dankbar, den großen Prominenten bei uns haben zu dürfen?

Zuerst waren noch einige Operngläser auf den Dirigenten gerichtet, man interessierte sich für seine temperamentvollen Gesten; aber schließlich erlahmte man und wurde tauber und tauber. Am Schluß: mühsamer Applaus eines enttäuschten Publikums.

Auf dem Heimweg sagte meine Großmutter: »Und er heißt *doch* Taubeles!«

Filmangebot

Ich hatte vier angeheiratete jüdische Onkel, am liebsten aber mochte ich Onkel Johannes Brandt. Als er Tante Rickl heiraten wollte, war der Familienprotest groß. Besonders ihr Bruder, Hans Reinl, war dagegen. Seine schöne Schwester dürfe keinen Juden heiraten, und dieser Brandt hätte nicht nur eine jüdische Nase, sondern auch einen typisch jüdischen Schädel – das sähe er genau, er hätte sich mit »Rassenforschung« befaßt. Da aber Tante Rickl auf dieser Heirat bestand, wollte Hans Reinl ihr diesen Fehltritt wissenschaftlich beweisen und bat Johannes Brandt, seinen Schädel »vermessen« zu dürfen. Dieser war ein überaus humorvoller, gütiger Mann; er fand seinen zukünftigen Schwager viel zu amüsant, um ihm etwas übelnehmen zu können, und willigte ein. Die Schädelmessung dauerte lange – Wissenschaftler sind gründlich. Als Hans Reinl mit seinen Aufzeichnungen fertig war, versank er in tiefes Schweigen.

»Nun, Hans, welche Rabbinermaße hast du denn bei mir gefunden?« fragte Johannes Brandt.

Schweigen. Hans Reinl starrte auf das Blatt: »Ich kann es nicht begreifen, Johannes. Nach meinen Messungen hast du den Prototyp eines rein arischen Schädels.«

Ab sofort stellte er seine Rassenforschungen ein und nahm den neuen Schwager voll Bewunderung in die Familie auf.

Johannes Brandt lebte in Berlin und war bei der UFA engagiert, als Textdichter, Schlagerkomponist und Arrangeur. So kannte er alle damaligen Filmgrößen, und seine Erzählungen waren für mich von höchstem Interesse.

Er war auch mit der seinerzeit berühmten Sängerin Gitta Alpàr befreundet, die er in Ungarn entdeckt hatte. Damals war sie eine dicke kleine Person mit einer großen, jüdischen Nase. Aber ihre herrliche Stimme und ihr komödiantisches Talent waren ihm aufgefallen. Man holte sie nach Berlin, operierte ihre Nase, ihren Bauch und ihren Busen, und sie fand sich dann so schön, daß sie nur noch in tiefen Dekolletées und möglichst durchsichtigen Gewändern auftreten wollte. Schönheit verpflichtet ...

Ihre Mutter war eine primitive Frau und maßlos stolz auf ihre »scheene Tochter«. Als Onkel Johannes einmal vormittags bei Gitta Alpàr anrief, meinte die Mutter energisch: »Nix Täläfon – die Kinstlerin schlooft!«

Onkel Brandt hatte oft in Prag zu tun, wenn die UFA dort filmte. Einmal nahm er mich mit in das Filmatelier.

Ein ungarischer Jude, Ladislaus Fehér, führte Regie. Er war groß und dick mit einem Gesicht von brutaler Massigkeit; auf dem Kopf trug er eine karierte Mütze. Ich fand es faszinierend, daß er alle seine Mitarbeiter mit »Arschloch« anredete. Als er mich still und etwas ängstlich neben Onkel Johannes Brandt sitzen sah, rief er: »Wer is das klaane Arschloch – dei Tochter?« Er benötigte für eine Szene ein Kind. »Wir machen von ihr Probeaufnahmen.«

Ich war entsetzt. Ich war zwar eine große Künstlerin, daran zweifelte ich keinen Augenblick; doch gehörte ich auf eine *Bühne*, mit Orchester und Publikum – hier, in dem großen, stimmungslosen Raum mit dem brutalen Schreihals kam ich mir vor wie eine kleine Fliege im Spinnennetz. Ich klammerte mich ängstlich an Onkel Johannes. Er fühlte meine Not und versuchte, Fehér davon abzubringen. »Quatsch nicht, Arschloch Brandt – hier red ich!«

Die Filmszene, die eben gedreht worden war, hatte in einer Küche gespielt. Ein kleiner Herd, davor ein Korb mit Holz. Man improvisierte für mich eine Szene: ich sollte Holz in den Herd legen, nachsehen, ob es brenne, einen Topf auf den Herd stellen, mit einem Kochlöffel darin umrühren, kosten, und so tun, als hätte ich mich dabei verbrannt.

Ich fand das blöd. Wie kann man sich an etwas verbrennen, das noch gar nicht heiß ist, da man ja eben erst Feuer gemacht hat? Phantasielose Geschöpfe, diese Filmleute! Ich fühlte mich ausgesetzt in eine fremde, kalte Welt und war wie gelähmt.

Riesige Scheinwerfer wurden um mich herum aufgestellt, sie blendeten fürchterlich – ich sah Onkel Johannes nicht mehr und fühlte mich zum Sterben... Grelles Licht und Feinde.

»So, klaanes Arschloch, jetz spiel die Szene!« Es war schrecklich. Ich machte alles falsch, und Fehér schrie mich an: »Das is doch nix! Das kann ich nicht brauchen – du mußt dir was *denken* dabei!«

Das tat ich: Du Arschloch, laß mich nach Hause gehen...

Die Szene wurde immer und immer wieder geprobt, aber ich wurde immer schlechter. Kleine graue Maus in der Falle.

Schließlich schrie Fehér: »Wo is das Arschloch Brandt? Du – hör mal! Ze was haste mir angeschleppt dei Nichte? Das klaane Arschloch is ja sowas von unbegabt – habbich mei Zeit gestohlen? Wer zohlt mir?«

Ich war wütend. Angeschleppt... Und unbegabt! Der hatte ja keine Ahnung, dieser phantasielose Nebbich! Wenn ich erst einmal eine berühmte Sängerin wäre, dann würde ich's ihm schon zeigen! Mit Filmleuten wollte ich nie wieder etwas zu tun haben; bei denen wird man verkannt, gedemütigt, zertreten.

Meinen Brüdern freilich erzählte ich zu Hause ganz großkotzig: »Ich bekam heute ein Filmangebot; ich sollte in dem neuen Film von Fehér eine Rolle übernehmen. Aber sie gefiel mir nicht. Und außerdem: der Fehér ist ein Arschloch...«

Georg Széll

Eines Tages kam Onkel Johannes und erzählte uns strahlend: »Ich habe eine große Neuigkeit für euch: mein alter Freund Schorsch kommt als Opernchef zu euch ans Theater! Er ist nicht nur ein großartiger Dirigent, sondern auch ein wunderbarer Mensch. Berlin ist ihm zu unsicher – mit diesem Hitler...«

Der Freund sei ungarischer Jude. Etwa wie Fehér? Nein, genau das Gegenteil – ein Kavalier alter Schule, gepflegt, ungemein gebildet und von sprühender Intelligenz.

Bald stand auch in der Zeitung ein Hymnus auf Széll.

Großmutter war skeptisch: »Nur weil aner ä Jidd is, muß er noch lange nix sein ä Genie! Ja, der Alexander Zemlinsky und der Leo Blech, das waren Dirigenten! An die reicht der sicher nicht heran. Ich laß mir von den Zeitungsschmierern nichts einreden, ich hab meine eigenen Ohrwascheln und weiß, was gut ist!«

Die erste Oper, die Széll bei uns dirigierte, war »Carmen«, eine meiner Lieblingsopern. Die ganze Familie ging ins Theater, in höchster Spannung. Ein Freund von Onkel Johannes – wie würde er sein?

Schon der erste Orchestereinsatz: Donnerwetter, so hatte ich das noch nie gehört! War das unser Orchester?

Großmutter saß mit glühenden Wangen neben mir und flüsterte mir nach dem Vorspiel zu: »Wie Leo Blech!« Das war eine Goldmedaille.

Georg Széll hatte die Prager im Sturm erobert, und als er vor dem zweiten Akt das Pult betrat, applaudierten sie begeistert.

In der Pause gab es nur eine Meinung: »Dieser Széll ist phantastisch!«

Und zu Hause bei dem gemeinsamen Essen, das es immer nach Theaterabenden gab, weil man ja über alles noch ausführlich reden mußte, sprachen wir alle mit vollem

Munde und aus vollem Herzen über diesen neuen Mann. Selten waren wir uns so einig und schwärmten überglücklich von der neuen Opernzukunft, der wir durch ihn entgegengingen. Prag hatte einen neuen Kaiser!

»Kinder«, sagte meine Großmutter, »seids froh, daß dieser Hitler so ein Trottel ist! Sonst hätten wir den Széll nicht bei uns!«

Der Mann war sofort Stadtgespräch. Wo zwei Deutsche sich trafen: »Hast du gestern den Széll gehört?«

Wen die Prager liebten, den hoben sie auf den Thron der Verehrung und legten um ihn das Netz ihrer Neugierde. Alles, was man über Széll erfahren konnte, wurde sogleich verbreitet. Man sah ihn nie mit Frauen, und er war auch nicht verheiratet – was war das? Wir fragten Onkel Johannes. Er lachte sehr. »Ihr könnt ganz beruhigt sein – der Schorsch ist in Ordnung!«

Bald erfuhren wir, daß Széll an seinen Mitarbeitern zwei Eigenschaften nicht ertragen konnte: Dummheit und Unfähigkeit. Wer das Mißgeschick hatte, mit einer dieser Gaben behaftet zu sein, wurde von Széll mit der Klinge seines kalten, schneidenden Zornes »vernichtet«. Wen sie traf, der konnte nur noch seine kläglichen Reste einsammeln und fliehen.

Alle im Theater zitterten vor Georg Széll, denn seinem ausgezeichneten Ohr entging nichts, und Ausreden gab es nicht.

Bei einer Bühnenprobe zur »Zauberflöte« begleitete einmal ein junger Aushilfskorrepetitor.

Man probte den ersten Akt, Széll und der Regisseur

saßen an der Rampe, das Klavier stand seitlich im Dunkeln, nur von einem spärlichen Lämpchen erleuchtet.

Nun kam die Arie der Königin der Nacht. Die ersten Takte – dann Stille.

»Was ist?« schrie Széll. »Sind Sie verstorben?«

»Das Licht is weg – es is finster.«

»In Ihrem Hirn? Falls Sie so etwas besitzen... Dieses Vorspiel kann jeder Esel im Schlaf – also weiter!«

»Ich kann nicht – bei Mozart bin ich nixe so ofej...« kam es kleinlaut.

Széll sprang auf, stürzte zum Klavier und schlug dem armen Esel den Klavierauszug um den Kopf. »Lassen Sie sich nicht mehr blicken!«

Bei einer anderen Probe mimte ein Sänger einen Blinden, was er dadurch ausdrücken wollte, daß er sich mit winzigen Schritten vorwärtsbewegte, als hätte er zusammengebundene Füße.

»Was soll das?« schrie Széll, »Sie gehen wie ein vollgeschissener Strumpf!«

Wenn Georg Széll dirigierte, gingen wir immer ins Theater. Da wir unser Idol aufmerksam beobachteten, bemerkten wir, daß er an manchen Tagen öfter mit schmerzverzerrtem Gesicht an seine linke Hüfte griff. Willi, der immer auf der Galerie ganz vorn an der Bühne saß, um den Dirigenten genau sehen zu können, hatte uns das schon lange berichtet.

In einer »Fidelio«-Aufführung verließ Széll sogar während eines Dialoges sein Pult und kam erst vor dem Orchestereinsatz leise wieder zurückgeschlichen.

Was fehlte ihm? Meine Großmutter meinte: »Der arme Kerl hat sicher Rhevma (Rheuma).«

Wir fragten Onkel Johannes und erfuhren: »Ja, der arme Schorsch hat Ischias.«

»Ischias?« jubelte meine Großmutter.« Das habe ich ja auch!« Welche unerwartete Verwandtschaft. Széll wurde ihr noch sympathischer: ein Ischiasbruder!

»Da muß er ein Katzenfell tragen. Ein weibliches Katzenfell, und das Tier darf nicht älter sein als zwei Jahre.«

»Und muß bei Mondschein geboren sein und pechrabenschwarze Augen haben«, spottete mein Vater.

Großmutter ignorierte ihn. Er war unmusikalisch.

Zwei Tage später kam Johannes Brandt und fragte meine Großmutter, ob sie bereit wäre, mit Széll solch ein Fell kaufen zu gehen.

»Ich? Mit dem Széll? Mein Gott, das fragst du?«

Sie war ganz in ihrem Element und ging sofort zu ihrem alten Pelzhändler, Herrn Březina in der Nerudagasse, um ihn und seine Katzenfelle durcheinanderzubringen. Sie meinte, dies wäre für Herrn Březina der Auftrag seines Lebens, und belehrte ihn über die künstlerische Bedeutung dieser einmaligen Dirigentenhüfte. So aufgeregt hatte Herr Březina seine alte Kundin noch nie gesehen, und als sie ihn verließ, sah er in seinem edlen Pelzgeschäft nur noch Katzen, Katzen, Katzen. Seine Nerze, Chinchillas und Silberfüchse lagen degradiert herum – was diese Deutschen so mit einem machten!

Am nächsten Nachmittag um vier Uhr war Treffpunkt bei Herrn Březina.

Als Onkel Johannes und Georg Széll das Geschäft betraten, sah Großmutter nur den eleganten, großen Mann mit dem geistvollen Kopf – was in dem alles drin war, ein Hirn voll Symphonien! –, und als Széll ihr die Hand küßte, wozu er sich tief zu der kleinen Gestalt hinabneigen mußte, sang es in ihr: »Welch ein Augenblick!«

Széll bedankte sich bei ihr, daß sie ihm helfen wollte.

»Ich bin zwar, bitte verzeihen Sie das, etwas skeptisch, ob eine tote Katze mir helfen kann, aber ich will mich Ihrem Rat gern anvertrauen.«

Ihrem Rat anvertrauen – wie liebenswürdig er das sagte und mit welch galantem Lächeln... Katze müßte man sein!

Herr Březina half dem Künstler ehrerbietig aus dem Mantel – immerhin stand die edelste Hüfte von Prag in seinem Laden – und schleppte alle seine Katzenfelle heran, in denen Großmutter sofort herumwühlte.

»Dieses ist das beste!« rief Großmutter und zeigte es Georg Széll. Er hielt es schmeichelnd an seine Wange: »Das ist wunderbar – das nehme ich.«

»Vielleicht ich hab noch bässeres«, meinte Herr Březina voll Eifer, er war hier der Fachmann, er mußte das beweisen.

»Nein, ich möchte dieses nehmen«, sagte Széll, und Großmutter strahlte. Er vertraute ihr; er war ein Kavalier!

Es war ein wunderschönes Fell, weiß mit schwarzen Flecken, wie gut würde es zum Frack passen. Schade, daß man es auf dem Körper tragen mußte. Da kam schon mal so ein bedeutender Kunde in Herrn Březinas kleinen

Laden, und dann kaufte er ein Fell, das niemand zu sehen bekam!

Von diesem Tage an beobachteten wir Georg Széll mit anderen Augen – katzenbewußt.

Als Onkel Johannes wieder nach Prag kam, erkundigten wir uns gleich nach der Wirkung der Katze.

»Schorsch ist selig: durch die tote Katze fühlt er sich wie neugeboren. Er trägt sie immer!«

Wir haben nie erfahren, ob das die Wahrheit war, oder nur die Liebenswürdigkeit von Széll, oder die Gutmütigkeit von Onkel Johannes.

Aber Großmutter glaubte es, und wenn sie bei philharmonischen Konzerten den stattlichen Mann auf dem Podium stehen sah, voll Vitalität und ohne die mindesten Anzeichen einer gequälten Hüfte, dann flüsterte sie mir strahlend zu: »No, was sagst du – ist er nicht herrlich – mit meinem Katzenfell!«

Hemdhose

In unserer Familie wurde viel gelacht. Über Vaters köstliche Erzählungen und die witzigen Wortspiele, die er dabei einflocht.

Aber es gab auch zwei Lieferantinnen unfreiwilligen Humors – meine Mutter und meine Großmutter. Ihr Mund und ihr Hirn bewegten sich gern auf verschiedenen Gleisen. Oft griffen die Damen auch fehl bei der Wahl eines Ausdrucks.

Als wir einmal von unserem zweiten Staatspräsidenten Benesch sprachen, meinte Großmutter: »Ja, der sieht wirklich trivial aus! Ich hab ihn unlängst im Theater in der Loge gesehen. Damals war es noch der Masaryk...«
Auch unsere Mutter war oft zerstreut und lieferte uns dadurch manch ungewollte Stilblüte. Als wir einmal berieten, wie wir diesmal das häusliche Silvesterfest gestalten könnten, machte sie folgenden Vorschlag: »Wir machen es uns den Abend ganz gemütlich, und jeder kann tun, was er will: einer spielt Bridge, einer Schach, einer Tischtennis, oder wer mag, kann auch Quartett spielen oder Personenerraten.«
Ein anderes Mal sprachen wir davon, daß die Tschechen sich an manchen Kleidungsstücken der Deutschen politisch erregen, weiße Strümpfe – »Ja, und vor allem Dirndlkleider können sie nicht ausstehen«, warf meine Mutter ein. »Sie halten das für eine Art Nationalkostüm. Die glauben, der Hitler läuft so herum!«
Onkel Johannes Brandt bestand darauf, daß wir alle diese »Fehlsprüche« aufschrieben, und wenn er uns besuchte, fragte er immer: »Na, was habt ihr euch wieder geleistet?«
Durch ihn kam manchmal einiges davon in die Zeitung, wanderte von da in verschiedene Witzblätter, und so konnten wir oft noch nach Jahren unsere Geistesblüten gedruckt wiederfinden. Etwa folgende: Meine Großmutter behauptete immer, daß die Wettervorhersagen »einen Schmarrn wert« wären, ihr Rheuma kündige Wetterumschläge viel zuverlässiger an. Als wir an einem Sonntag

einen Tagesausflug machen wollten, warnte sie: »Bleibts lieber zu Hause, heut nachmittag wird es regnen und stürmen, ich spür es schon in allen Knochen...«

Wir ließen uns nicht abschrecken, und der Tag blieb strahlend schön. Als wir abends fröhlich nachhause kamen, spottete mein Vater: »Deine Knochen haben sich geirrt – wo ist denn dein stürmischer Regen geblieben?«

»Ja, mein Lieber – ich hab ja auch Aspirin genommen!«

Noch weitaus erfolgreicher war bei den Witzblättern ein Ausspruch meines Bruders Willi. Er war damals sieben Jahre alt und kam stolz aus der Schule nach Hause: »Wir sollten heute ein Rätsel lösen, und ich habe als einziger die Lösung gewußt. Der Lehrer meinte zwar, die Lösung wäre eigentlich anders, aber meine ginge auch.«

»Wie lautete denn das Rätsel?« fragte Vater.

»Es ging so:

Vereint soll's jedes Mädchen haben,

getrennt soll's fehlen nicht den Knaben.

Das ist ja ganz einfach – die Lösung heißt: Hemdhose. Die Mädchen tragen Hemdhosen, die Knaben Hemd und Hose.«

Mein Vater lachte, denn er wußte gleich, daß die Lösung »Anmut« heißen müsse.

Durch einen Bekannten meines Vaters erschien dieser Schulwitz dann eines Tages im Prager Tagblatt. Ein halbes Jahr darauf las Vater ihn zufällig in einem Berliner Witzblatt, später in einer Wiener Zeitung und als er Jahre später in London in einem deutschen Witzblatt blätterte, fand er auch dort Willis »Hemdhose«.

Immer wieder schickten ihm Kollegen, die die Wanderung dieses Witzes durch ihn kannten, Zeitungsausschnitte, in denen er aufgetaucht war. Wenn der Begriff »Hemdhose« nicht längst unmodern geworden wäre, würde er vermutlich auch heute noch zirkulieren.

Wenn mein Vater in London zu tun hatte, war er meist in der Tschechischen Gesandtschaft eingeladen. Jan Masaryk, der Sohn unseres ersten Staatspräsidenten, war damals Gesandter. Er war ein vornehmer, gebildeter Mann, verstand sich gut mit meinem Vater und liebte dessen Begabung, Witze zu erzählen. So zog er ihn meist in eine Ecke und fragte: »Wissen Sie einen neuen Witz?« Einmal sagte er: »Heute kann ich mich revanchieren, heute habe *ich* einmal einen neuen Witz für Sie. In einer Schule fragt der Lehrer...«

Und nun kam die »Hemdhose«. Masaryk war sehr erstaunt, daß mein Vater den Witz kannte...

Dankbares Publikum

Wir hatten sehr oft Gäste bei uns, und sie kamen alle gerne: »Bei euch vergißt man alles Graue – ihr seid eine so erfrischend komische Familie!«

Wir waren in der Wahl unserer Freunde sehr einseitig: sie mußten intelligent sein und lachen können. Stille Lacher oder Lächler wurden abgelehnt. Komische Leute brauchen Publikum – je stärker der Widerhall, desto sprühender die Einfälle und der Genuß, sie zu »servieren«.

Unsere beste Lacherin war Hilde Christen. Sie konnte sich wirklich schütteln vor Lachen, und oft rief sie: »Hör auf, ich *kann* nicht mehr!«

Sie war ein zauberhafter Mensch. Im Jahre 1922 war sie, blutjung, in die Bank gekommen, in der mein Vater Direktor war, und wurde seine Sekretärin.

Sie war bildhübsch, schlank, dunkelblond und hatte helle, kluge Augen. In mancher Beziehung ähnelte sie meiner Mutter. Auch sie war ein scheuer Mensch, der sich selbst unterschätzte und die wenigen Menschen ihrer Wahl aus ganzem Herzen liebte. Ihre Zuneigung war äußerlich distanziert, nur ihre Augen umfingen einen mit warmherziger Zärtlichkeit. Sie hatte ein stark engagiertes Interesse für ihre Umwelt, eine edle Art von »Neugier« – die sensationslüsterne, klatschbasige war ihr verhaßt. Dazu war sie von großer Intelligenz, las viel und kannte alle bedeutenden Schriftsteller der Weltliteratur.

Man konnte mit ihr über alles sprechen – nur nicht über Politik. Da war sie stur wie ein Esel mit verhängten Ohren. An ihrer eigenen Wirklichkeit vorbei träumte sie in deutscher Romantik von der kommunistischen Idee als dem Heil für die Welt. Marx hatte sie nie gelesen, doch liebte sie alle russischen Dichter und Komponisten und war der Meinung, die geistige Kraft des russischen Volkes brächte der gepeinigten Menschheit die alleingültige Wahrheit und die Würde der Freiheit. Keine bösen Reichen, keine herrschsüchtigen Pfaffen, keine infamen Unterdrücker mehr, alle Menschen gleich, alle glücklich, Friede auf Erden... Mit naivem Fanatismus hing sie diesem Wunschbild nach. Sie selbst lebte im Stil einer elitären Individualistin, liebte den gepflegten Luxus, ihre Bücher, ihre Schallplatten und ihre geschmackvolle Wohnung, in der sie das Leben einer zurückgezogenen, massenfeindlichen Schnecke führte. Eine »Genossin« im Elfenbeinturm eines weltfremden Märchens.

Als ich Hilde Christen kennen lernte, war ich vier Jahre alt und faßte sofort eine innige Zuneigung zu ihr. Sie wurde bald unser liebster Gast – kein wesentliches Ereignis konnte ohne sie stattfinden.

Sie war eine hervorragende Zuhörerin. Nur wenige Menschen haben diese Fähigkeit; die meisten hüpfen mit ihrer Aufmerksamkeit herum wie ein Kaninchen und warten nur auf ein Stichwort, um ihrerseits aktiv ins Gespräch einzufallen. Anders Hilde: sie schenkte ihre ganze Aufmerksamkeit ihrem jeweiligen Gegenüber, und wie eine Kompaßnadel reagierte sie im Gespräch auf jede kleinste Nuance.

Wenn ich meinen Vater in der Bank abholte, ging ich immer zuerst in das kleine Sekretariat, in dem Hilde saß. Oft brachte ich meine Puppe mit, mit der sie gleich eine verwandtschaftliche Unterhaltung begann – sie wußte, was man Puppenmüttern schuldig ist.

Als ich dann – mit etwa acht Jahren – begann, mich für Opern zu begeistern, bat sie meine Eltern, mich ins

Theater mitnehmen zu dürfen. Sie hatte ein Abonnement in der ersten Reihe, und da die Sitze im Deutschen Theater sehr breit waren, gab es die Möglichkeit, für einen kleinen Aufpreis ein Kind »mitsitzen« zu lassen. So habe ich fast alle Opern, eng an meine geliebte Hilde geschmiegt, mit ihr zum ersten Mal gehört.

In der Pause führten wir immer große Fachgespräche und hatten bald unter den Sängern unsere besonderen Lieblinge.

Wie sich das gehört, schwärmte ich für den Heldentenor. Er hatte eine schöne Stimme, spielte herzberückend und hieß Paul Helm. Wenn er in »Fidelio« als Florestan sein »Gott! Welch Dunkel hier!« in den Raum schmetterte, verstand ich Leonore, daß sie diesen Mann retten mußte...

Ich schrieb ihm einen begeisterten Brief, und als seine Antwort mit einem Bild kam, zeigte ich sie stolz meiner mitfühlenden Hilde. »Ob ich ihn einmal anrufe – was meinst du?«

»Natürlich, Friedlkind, das machen wir!«

Zu Hause hätte ich das nie gewagt – die spottenden Brüder...

Hilde drehte für mich die Nummer und gab mir den Hörer.

O Gott – was sollte ich sagen?

»Hier beim Helm.« Bei Helm – wie normal und irdisch das klang und war doch ganz nah bei Lohengrin und Florestan...

»Könnte ich bitte Herrn Helm sprechen...«

Aber was – was um Himmelswillen wollte ich denn mit ihm sprechen? Mir fiel nicht das Mindeste ein.

»Wer spricht und in welcher Angelegenheit?«

Angelegenheit? Welch ein Wort – in meiner Welt der großen Opernhelden gab es solch ein kümmerliches Wort nicht, und so hängte ich den Hörer schnell wieder ein. Hilde lachte: »Du bist doch sonst nicht so schüchtern, warum hast du nicht gesagt, du wärest eine Verehrerin und möchtest Herrn Helm nur sagen, wie gut er dir gestern als Radames gefallen hat!«

Nein, das paßte alles nicht in mein Innenleben. »Verehrerin« und »gut gefallen«... Das Telefon war eine viel zu nüchterne Leitung zu meinen Helden. Angelegenheit – nein!

An meinem zehnten Geburtstag lud Hilde mich ein, mit ihr in die »Meistersinger« zu gehen. Maria Müller sang das Evchen, Odo Boeck den Hans Sachs und Paul Helm den Stolzing. Ich konnte vor Aufregung den ganzen Tag an nichts anderes denken.

Abends wartete ich schon lange vor dem verabredeten Zeitpunkt im Foyer des Theaters auf Hilde. Ich liebte dieses Warten in dem hell erleuchteten Raum. Die festlich gekleideten Menschen, die ins Theater strömten, das Stimmengewirr – es kam mir vor, als träfe sich hier eine große, glückliche Familie zu einem besonderen gemeinsamen Erlebnis. Alle in gespannter Erwartung wie ich – es schien mir wie prickelnd aufsteigendes Aroma in einem Sektglas.

Da kam Hilde. Mit einem riesigen Strauß gelber Teerosen und einer Briefkarte: »Darauf schreibst du jetzt einen Gruß, und dann schicken wir die Blumen dem Helm in die Garderobe.«

Ich war sprachlos. »Dem Helm? In die Garderobe?«

»Warum denn nicht – du verehrst ihn doch – oder?«

Ein verwegener Einfall. Er verwirrte mich. »Was soll ich ihm denn schreiben?« Auf ein so bedeutendes Ereignis war ich geistig nicht programmiert.

»Mein Gott, was dir halt gerade einfällt, daß du heute Geburtstag hast und in der Vorstellung bist, oder sonst etwas...«

Zitternd schrieb ich. Die Garderobenfrau, die uns schon kannte, sah meinen Schreibnöten lächelnd zu. Ja, sie würde Herrn Helm den Strauß gleich hinbringen lassen. Als er auftrat, dachte ich an die Rosen. Ob er sie schon bekommen hat? Wie er das wohl findet? Womöglich schenkt er sie der Maria Müller? Das irritierte mich. Er war heute ein anderer Stolzing – einer mit Rosen...

Als die Sänger sich nach dem ersten Akt vor dem Vorhang verneigten, suchte Paul Helm mit den Blicken kurz die erste Reihe ab und nickte mir mit einer kleinen Neigung des Kopfes lächelnd zu. Mir schoß das Blut in die Wangen – wie peinlich das war, und wie wunderbar! Er hatte mich angelächelt – Herr Stolzing persönlich! Mir kam das Theater verwandelt vor, der rote Samtvorhang schien zu glühen – ich war im siebenten Himmel.

Am Schluß der Vorstellung jubelte das Publikum den Sängern zu, immer wieder mußten sie sich verneigen – da trat Paul Helm plötzlich ganz nach vorn an die

Rampe, legte seine Hände ans Herz und verneigte sich tief vor mir. Die Blicke der Zuschauer gingen neugierig-belustigt zu mir – oh, es war... es war zum Sterben! Wie gerne wäre ich rasch in einer Versenkung verschwunden! Geheime ·Liebe verträgt kein Rampenlicht. Ich drängte mich schutzsuchend an Hilde und merkte rund um mich und sogar von der Bühne herab lächelnde Mienen. Nahm man mich nicht ernst?

Von den unzähligen Theaterabenden, die ich Hilde ver-danke, ist mir noch eine andere »Meistersinger«-Auf-führung im Gedächtnis. Sie fand anläßlich des fünfund-siebzigsten Geburtstages von Gerhart Hauptmann statt. Jaro Prohaska sang den Hans Sachs – eine seiner Glanz-rollen. Er hatte eine herrliche Stimme und dazu eine große schauspielerische Begabung. Sein Hans Sachs war kein pathetisches Monument. Er spielte ihn als einen Mann aus dem Volke, der sich durch seine dichterische Begabung, seinen gesunden Menschenverstand und seine kraftvolle Persönlichkeit von allen anderen Mitbürgern seiner Stadt unterschied. Man glaubte ihm, daß er trotz seiner Klugheit auch wirklich Schuhe herstellen könne. Zu dieser hinreißenden darstellerischen Leistung kam seine enorme Musikalität – er hatte den Blick zum Dirigenten nicht nötig.

Die Prager kannten ihn bereits und wußten in freudiger Stimmung, welch ein Genuß sie heute wieder erwartete. Da betrat Gerhart Hauptmann in Begleitung von Direk-tor Paul Eger die Intendantenloge, ganz vorn an der Rampe.

Das Publikum erhob sich und applaudierte. Gott, sah dieser Hauptmann dichterfürstlich aus! Wie Goethe, seiner Gesamtausgabe entstiegen. Ein imponierender Kopf, sehr viel Stirn, helle, intelligente Augen und wunderbar weiße Haare, die sein Dichterhaupt wie ein Heiligenschein umwallten. Er stand da wie ein Denkmal und sah mild und in gekonnter Bescheidenheit über die Jubelnden hinaus in poetische Höhen... Es war sehr eindrucksvoll. Ich mußte mir das mimisch gut einprägen. So bescheiden wollte ich später auch einmal sein, wenn ich weltberühmt war. Große Beispiele befruchten...

In den Pausen hofften alle, den bedeutenden Mann etwas näher betrachten zu können – aber er entzog sich der Menge und entschwand mit Direktor Eger im Bühnenhaus.

Im dritten Akt hatte Hans Sachs seine Mahnung gesungen, die Meister nicht zu verachten und ihre Kunst zu ehren, wonach Eva ihm – laut Regieanweisung – hinterrücks den Lorbeerkranz aufgesetzt hatte. Kaum war der auf seinem dichterischen Schusterkopf gelandet, schritt Jaro Prohaska zur Intendantenloge, nahm das Grünzeug ab und drückte es dem sehr erstaunt tuenden Gerhart Hauptmann auf die weißen Locken. Das Publikum erhob sich spontan und applaudierte mitten hinein in den jubelnden Schlußchor. Ganz unpragerische Sitten...

Da stand das Denkmal mit dem grünen Pappkranz. Mir kam es ziemlich lächerlich vor – Kinder sind allergisch gegen Pathos – und ich verstand meine Prager Theaterfamilie nicht.

Auch Hilde applaudierte etwas kühl und flüsterte mir zu: »Typisch deutscher Dichter.«

Als ich – viele Jahre später – Jaro Prohaska in Berlin kennenlernte, fragte ich ihn, ob Gerhart Hauptmann sich diese Bekränzung zu seinem Geburtstag gewünscht hätte. Nein, ganz und gar nicht.

»Wissen Sie, als ich den Kranz auf meinem Kopf fühlte und dieses imposante Dichterhaupt da rechts von mir in der Loge leuchten sah, dachte ich mir: da muß was drauf! Und so ging ich hin – na, Sie haben es ja miterlebt.«

Dem Denkmal habe ich posthum verziehen – dem Prager Publikum nicht!

Die feinen Unterschiede

Prag war eine laute Stadt. Man redete laut, es wurde viel gesungen, in den Häusern, in den Hinterhöfen, die Bettler sangen und fidelten auf der Straße – ohne Musik kein Mitleid –, und unsere Besucher aus Deutschland meinten immer: »Prag ist eine Vorstadt des Balkans.«

Temperament muß laut sein und muß alles übertreiben. Kein Prager hielt sich in seinen Erzählungen getreu an die Wahrheit; die war viel zu lahm. Man umkränzte sie mit kleinen, vergnüglichen Details, und so entstanden die »Powidatschky«. Das sind im Kern wahre, mit Phantasie gewürzte Geschichten. Keinem Prager wäre eingefallen, diese privaten Kompositionen zu hemmen und etwa zu sagen: »Du übertreibst.« Nein, das wußte man ohnehin. Man genoß es. Je launiger und amüsanter die »Powidatschky« gerieten, desto besser. Und man nahm sich Zeit zum Erzählen – Gespräche waren den Pragern wichtig. Man hatte für sie die verschiedensten Treffpunkte, improvisierte und verabredete. Bei letzteren gab es feine, zweckgebundene Unterschiede.

Zum gemütlichen Plaudern oder Fachsimpeln trafen wir uns in Kaffeehäusern – nach einem ungeschriebenen Gesetz nur in solchen, wo deutsche Ober bedienten oder wo man wenigstens freundlich und freiwillig deutsch sprach. Ich liebte besonders das »Café Wilson« in der Nähe des Theaters: es hatte einen Künstlertisch.

Jeden Donnnerstag hatte Großmama Hübner dort ihr Damenkränzchen. Lauter vertrocknete Gestalten mit dünnem Hals und einem Seidenbändchen darum, auf den Köpfen scheußliche Hüte. Sie gackerten alle durcheinander, keine hörte der anderen zu, und da sie alle schmale Renten hatten, saßen sie den ganzen Nachmittag bei einer Tasse Kaffee und vielen Gläsern Wasser. Der Ober und ich fanden sie grauenvoll. Aber der Künstlertisch, neben dem sie ihren Stammplatz hatten, lockte mich, und so tauchte ich gelegentlich dort auf, um, wie ich vorgab, Großmama Hübner zu besuchen. Sowie sie mich am Eingang des Raumes erblickte, kreischte sie wie ein Eichelhäher: »Jesus, meine Damen, da kommt meine Enkelin!« Und sowie ich mich den Hutscheuchen näherte: »Sag den Damen scheen guten Tag und mach ein Knickserl.«

Wie ich das haßte! Aber was tut man nicht alles für einen Blick zu seinen Göttern... Mein Ohr lauschte gespannt den Gesprächen am Künstlertisch, mein Mund plapperte Höfliches. Die Knitterdamen waren gewohnt, daß man ihnen nicht zuhörte, und so lernte ich damals die Kunst des »als ob«.

Peinlich wurde es nur, wenn die Sängerin Elisabeth Wanka erschien. Sie gab mit schallender Stimme so köstliche Geschichten zum besten, daß ich laut lachen mußte. Und wenn dann gerade die Frau Apotheker Zibulka von einem herzbewegenden Todesfall erzählte...

Elisabeth Wanka gehörte zu unseren besonderen Lieblingen. Sie gestaltete jede Rolle mit dem Elan ihrer starken Persönlichkeit und ihrer großen Intelligenz. Die Wanka war eine rasante Frau, und sowie sie im Kaffeehaus erschien, gehörte das Lokal ihr.

Großmama mißfiel das: »Da kommt schon wieder die Wanka mit ihrer lauten Stimme!«

Meine Brüder verachteten meine Kaffeehausbesuche bei der Großmama. Nur, wenn ich sagte: »Heut war die Wanka dort«, waren sie ganz Ohr. Und dann mußte ich alles haargenau wiedergeben.

Prag hatte viele und in ihrem Stil recht unterschiedliche Lokale. In kleine Bierbaisln ging man nicht, dort holte man nur sein Bier.

Die Deutschen bevorzugten die gepflegten, teuren Lokale – und auch da ging es nicht nach Gemütlichkeit und Güte der Speisekarte; es zählte vielmehr, wie man dort als Deutscher behandelt wurde. Wenn ein Ober vorgab, nicht deutsch zu können, war das Lokal für uns erledigt. Als Onkel Johannes Brandt einmal ahnungslos erzählte, er hätte im Restaurant Beranek gegessen, fragte ihn mein Vater mißtrauisch: »Hat man dich denn dort verstanden? Du kannst doch nicht Tschechisch?«

»Nein, natürlich nicht. Es war sehr komisch. Sie sagten, Deutsch verstünden sie nicht. Also habe ich es mit Englisch versucht. Das konnten sie auch nicht. Dann mit Französisch – und auf einmal meinte der Ober, da könne er doch eher noch Deutsch und verstand mich plötzlich ausgezeichnet!«

»Das findest du *komisch?*«

»Ja, es hat mich köstlich amüsiert!«

Diese Berliner! Kein Gespür für das nationale Gewicht der deutschen Sprache.

»Du hättest das Lokal sofort unter Protest verlassen müssen, wenn man da nicht Deutsch verstand!«

»Warum? Ich wollte gut und billig essen, und es hat ja alles wunderbar geklappt.«

Gut und billig... Deutsche Ehre ist nicht billig! Aber den hohen Wert unserer Sprache begreifen diese Preußen eben nicht. Barbarisches, verfressenes Volk! Sonst haben sie doch immer so ein Getue mit der Ehre, aber bei Schweinebraten und Pilsner Bier wird sie vergessen.

Die Deutschen waren Feinschmecker, während die Tschechen eine deftige Hausmannskost bevorzugten. So amüsierte sich Frau Absolonová, daß wir gerne Rebhühner, Hummer und Schnecken aßen. »Schnecky, fui Teifl, die mecht ich nicht eimal geschenkt fressn!‹

Und als sie erfuhr, daß es in Deutschland ein Gericht gab, das »Eintopf« hieß, meinte sie: »No, das is komisch. Immr sagt man, die Deitsche sind Feinschmeckry, abr dann auf eimal fressn sie aus ein Topf!« –

Wenn man nicht nur plaudern, sondern ein tiefer gehendes Gespräch führen wollte, gab es nur *ein* Lokal: es hieß »U hradu« – bei der Burg – und lag auf dem Hradschin. In diesem Lokal war man wie in einer anderen Welt. Eigentlich war unsere Welt in Prag wunderschön, aber wer begreift das schon, wenn er mitten darin steht? Erst im Rückblick kann man das ermessen.

Das Lokal »U hradu« bestand aus drei kleinen, niedrigen Räumen. Es waren Kellerräume, die Decke hatte gotische Bögen, der Fußboden war mit rotem Teppich ausgelegt – man schwebte lautlos hinein. Die Tische standen in kleinen Nischen – es gab nur Kerzenlicht. Sowie man dort eintrat, schien alles Alltägliche von einem abzufallen – und was ganz erstaunlich war: man sprach nur mit gedämpfter Stimme, sogar die Prager! Dies war kein Raum für temperamentvolle Powidatschky; hier wog man seine Worte sehr genau, die amüsanten Übertreibungen erloschen, und das vertrauliche Gespräch blühte auf. Mit letzter Ehrlichkeit bekannte man sich zu manchem, um das man sich sonst herumgedrückt hatte, war nüchtern und euphorisch zugleich. Das gibt es nicht? Damals und dort gab es das. Dies ist jetzt keine Powidatschka!

Den Abschluß dieser Gespräche bildete der lange Heimweg über die nächtlich-verträumte Schloßstiege – das gehörte dazu. Die Stille, die Abgeschiedenheit. Und der Blick über das schöne Prag mit seinen vielen Lichtern. Man war zwischen diesen uralten Mauern der Zeit enthoben; man spürte nicht das Wegfließen der Minuten, alles blieb und hatte Bestand...

Geliebtes, altes Prag, welch wunderbare Empfindungen hast du deinen Bewohnern geschenkt, und in welch tiefer, innerer Freiheit konnte man sich an dich verlieren!

Frühlingsfest

»Den Frühling muß man in Paris erleben«, sagte mein Vater immer. Ich fragte nie warum, ich fand den Frühling in Prag so wunderschön – wenigstens meinen Ansprüchen genügte er voll und ganz. In den vielen Parkanlagen blühte und duftete es und die Menschen hatten mit ihren dunklen Mänteln auch ihre fröstelnden Wintergesichter abgelegt. Sie hasteten nicht mehr mit tropfender Nase und frierenden Füßen nach Hause, sie »promenierten« wieder, bunt gekleidet und mit fröhlichen Mienen, und blieben gern zu einem kleinen, heiteren Geplauder stehen. Die Bettler hörten auf, bedeutungsvoll zu zittern, und ihr Leid ergoß sich wieder in den Schmalz ihrer Geigentöne; die Geschäfte ließen ihre Türen weit offen stehen, auf dem Wenzelsplatz wurden Tulpen und Narzissen angeboten, die Sonne strahlte – das Leben war wieder unbeschwert und regte sich voll

neuer Hoffnungen. Meine Großmutter sang: »Winter-
stürme wichen dem Wonnemond...«, und meine immer
mißmutige Tante Kriegelstein zitierte:
      »Frühling wird es aller Orten,
      und es stinkt von den Aborten.«
Kurt und ich hatten herausgefunden, daß der Frühling
die Liebespaare anregt, sich abends in den Parkanlagen
miteinander zu beschäftigen, und da der Tschelakowski-
Park direkt unter unseren Fenstern lag, schlichen wir
uns, mit Operngläsern ausgerüstet, abends oft ans Fenster, um sie zu beobachten. Eigentlich war es langweilig
– sie machten alle dasselbe: umarmen, küssen, umarmen,
küssen. Die Szene wurde erst belebt, wenn ein Betrun-
kener in den Park gewankt kam und sie störte. Er
quatschte das Paar an und griff schwankend und singend
nach dem Mädchen, was ihrem Jüngling mißfiel. Wir
hofften dann immer, eine saftige Schlägerei sehen zu
können. Aber Liebe scheint zu lähmen – immer verzog
sich das Paar und der Betrunkene ließ sich zufrieden
auf der Bank zum Schlafen nieder. Manchmal erschien
ein Polizist und bemühte sich, den Bankschnarcher zu
wecken – meist vergeblich. Aus amtlichem Pflichtgefühl
setzte er seine gestenreichen Reden noch einige Minuten
fort – dann war er Mensch und ging. Betrunkene und
Schlafende soll man nicht aus ihren Träumen reißen.
In diese schöne Jahreszeit fiel immer das »Frühlingsfest«
im Garten des Deutschen Hauses am Graben. Zu diesem
Fest spendeten die begüterten deutschen Familien Torten,
Süßigkeiten, belegte Brote, Würstchen sowie Spielsachen

für die Tombola. Im Garten standen Verkaufszelte, in denen die Damen der Gesellschaft ihre Ware anboten. Für teueres Geld – denn die Einkünfte dienten einem wohltätigen Zweck, und Wohltun ist halt teuer.

Meine Mutter war die schlechteste Verkäuferin im ganzen Garten. Wenn ein Kind mit sehnsüchtigen Blicken nach einem Mohrenkopf schielte, fragte sie gleich: »Möchtest du einen haben?«

»Ja, sehr gern – aber er ist so teuer...«

Das Kind bekam den Mohrenkopf, die Festkasse die dafür erforderlichen Geldstücke aus ihrem Portemonnaie. Ihr Stand war immer sehr schnell ausverkauft, und mein Vater wunderte sich: »Ich wußte gar nicht, daß du so geschäftstüchtig bist!«

Mein Vater gehörte zum Vorstand des Festkommitées und legte großen Wert darauf, daß wir genügend Geld ausgaben – der wohltätige Zweck! Er ahnte nicht, wie vollendet meine Mutter das bereits erfüllt hatte, und so gab er jedem von uns Kindern zehn Kronen: »Macht damit, was ihr wollt, kauft euch, was euch Spaß macht.«

Eltern drücken sich oft sehr unpräzis aus und vergessen die Ordnung, die in kindlichen Köpfen zuweilen noch vorhanden ist. Der große Geldschein in der Hand warf ungewohnte Probleme auf – freilich nicht für Kurt. Er fuhr mit dem Ringelspiel, kegelte, ritt auf dem Pony, machte in der kleinen Kutsche eine Rundfahrt durch den Garten, aß bei meiner Mutter billige Mohrenköpfe, bei Frau Lawatschek Buttercremetorte, bei Frau Koloschek Schinkenbrote, bei Frau Zeidler saure Gurken, bei Frau

Reiser Würstchen, trank bei Frau Professor Brömse Himbeersaft – dann war sein Geld verbraucht und ihm war schlecht. Die rührend um ihn besorgte Mizzi fuhr mit dem Wohltätigkeitsopfer nach Hause.

Für mich entstand ein echtes Problem. Wo sollte ich das Geld ausgeben? »Was euch Spaß macht«, hatte Vater gesagt.

Zuerst kam ich an dem Watschenmann vorbei. Eine große, pausbäckige Figur, bunt bemalt, ein fröhlich grinsendes Gesicht. Es kostete fünfzig Heller, ihn nach Herzenslust ohrfeigen zu können. Aber da setzten meine ernsthaften Bedenken bereits ein. Mein Herz hatte überhaupt keine Lust, diesen lustigen Mann zu watschen. In meiner Phantasie wurden Puppen immer zu lebendigen Geschöpfen, ich verstand mich mit ihnen ausgezeichnet, besser als mit den meisten Erwachsenen. Nicht, daß ich grundsätzlich gegen Handgreiflichkeiten gewesen wäre, nein, meine Brüder konnten das bestätigen, aber dazu mußte man doch erstmal gereizt und wütend sein. Ohne Zorn keine Watsche. Auf diese vergnügte Puppe einzuschlagen, fand ich blödsinnig. Ich ahnte nicht, daß die Psychologen das später einmal »Befreiung der Aggressionen« nennen würden. Tatsächlich schlugen etliche Kinder mit viel Geschrei und Vergnügen auf die arme, hin und herschaukelnde Puppe ein. Ich beobachtete sie mit Verachtung. Na ja – vielleicht waren das die besseren Kinder: sie wurden etwas los, was ich gar nicht hatte…

Ich entschied mich für Ponyreiten. Es war ein niedliches Tier mit zottigem Fell. Kaum hatte man mich hinaufgesetzt – schon wollte ich wieder herunter. Das Pony wackelte, es stank nach Pferd, und sein Fell kratzte mich an den Beinen. Da waren mir die bunten Ringelspielpferde doch lieber.

Dann ging ich in die Vorstellung des Zauberers. Ich kannte ihn schon von anderen Festen – er hieß Isaak Schlaf und nannte sich »Dormé«. Seine Kunststücke waren auch wirklich zum Einschlafen...

Ihm assistierte seine dicke giftblonde Gattin, die dafür bekannt war, daß sie ihren Gästen zu Hause unvertilgbare Mengen eines überaus fettreichen Essens vorsetzte. Ihre Menus bestanden aus vielen Gängen, und wenn sie fand, daß ein Gast sich zu knapp bedient hatte, kam sie mit der Schüssel und häufte den Teller bis zum Rand: »No, das wär scheen, bei mir nix essen, wo ich so gut koch!«

Bei der Zauberei ihres Mannes rief sie mit ihrer gellenden Stimme: »Jätz bitte Ruhe, jätz kommt Wältsensation!«

No, das wär scheen gewesen – aber es kamen nur bunte Tücher, die Herr Einschlaf sich irgendwo herauszog.

So legte ich den Rest des Geldes in Losen für die Tombola an, die ich gleich an andere Kinder verschenkte, aus Angst, ich könnte etwas gewinnen. Die Spielsachen waren nämlich ausgesprochen scheußlich.

Als wir abends nach Hause kamen, legte Willi seine zehn Kronen auf den Tisch: »Da hast du das Geld zurück, Vater. Ich habe es nicht gebraucht.«

»Aber um Gotteswillen, du solltest es doch ausgeben!«

»Wieso? Du hast gesagt, wir sollten uns davon etwas kaufen, was uns Spaß macht. Ich habe mir das lange überlegt, aber ich fand nichts. Ringelspiel ist langweilig, Reiten auch, Kegeln kann ich nicht, Hunger hatte ich auch keinen, den blöden Dormé mag ich nicht, und überhaupt war alles viel zu teuer! Glaube mir, Vater, es wäre herausgeworfenes Geld gewesen, sich ausgerechnet dort etwas zu kaufen.«

Mein Vater war ärgerlich: »Dieser dumme Bub hat überhaupt nicht kapiert, worauf es ankam – weil er nie zuhört, wenn man ihm etwas sagt!«

Stille Woche

»Grüß Sie Gott, Herr Doktor! Wie geht es der werten Frau Gemahlin, alles in Ordnung? Und was machen Ihre drei Krepierln? Ist ausnahmsweise eins von ihnen gesund?«

So fragte Direktor Novotny, als er meinen Vater auf dem Wenzelsplatz traf.

»Wieso Krepierln?« Seine Rassekinder so zu diskriminieren!

»No ja, ich bitt Sie, Ihren Kindern fehlt doch immer was…«

Es stimmte schon ein bißchen. Rubens hätte uns nicht gemalt. Besonders Willi und ich waren immer etwas bläßlich und oft krank. Nicht wirklich, mehr in der Einbildung meiner Mutter und Großmutter – sie sahen uns ständig von Bazillen bedroht, sehr zum Ärger meines Vaters: »Die Kinder werden durch eure ewige Beschissenheit vor Krankheiten nur verweichlicht!«

Meine Großmutter hatte den Kummer nie verwunden, ihre beiden Söhnchen durch Krankheit verloren zu haben, nun sahen die beiden Frauen in reger Phantasie lauter Todesgefahren um uns lauern. Sowie wir einmal fünf Minuten still dasaßen, hieß es: »Du bist so still, *fehlt* dir was?«

Und schon wurde der Puls gefühlt, die Stirn, Zunge zeigen, Fieber messen. Kinder haben einen zielsicheren Instinkt für die Schwächen der Erwachsenen und nützen ihn eiskalt. Hatten wir keine Lust, in die Schule zu gehen, so erkrankten wir. Wir beherrschten die Merkmale eines heranschleichenden Leidens so perfekt, daß wir uns bald wirklich elend fühlten. Meine Mutter durchschaute uns nie und war voll Sorgen, was wir mitleidslos genossen.

Prag war eine schmutzige Stadt, und so wurde uns immer wieder eingeschärft, nirgends etwas anzufassen – Bazillen! Ohne Handschuhe durften wir das Haus nicht verlassen, in der Straßenbahn sollten wir darauf achten, nicht neben einem Hustenden zu sitzen – überall lauerte Tuberkulose, und wenn wir in eine Kirche gingen, durften wir uns nicht in die Nähe betender Frauen setzen, denn die beteten womöglich um ihr todkrankes Kind und waren von bösartigen Bazillen übersät. (Betende Männer kamen in Mutters Verboten nicht vor.)

Ich schlich mich oft heimlich in eine der schönen Prager Kirchen. Ich liebte die mystische Stimmung, die Stille, den Geruch kalten Weihrauchs und das Gefühl, mit dem lieben Gott allein zu sein. Mutters betende Bazillen vergaß ich darüber immer...

Wenn wir von Gästen etwas geschenkt bekamen, mußten wir es sofort bei Mizzi abgeben, die den Auftrag hatte, es gründlich zu reinigen. Am liebsten hätte meine Mutter alles, was mit uns in Berührung kam, in Wasser abgekocht. So hatten die hartgesottenen Prager Bazillen den gesunden Ehrgeiz, uns krank zu machen. Wir bekamen sämtliche Kinderkrankheiten, in der Liste der vorhandenen Möglichkeiten fehlt nicht eine.

Den Keuchhusten bekamen wir im Sommer in Tirol. Der dortige Dorfarzt erkannte ihn nicht, obwohl meine Mutter ihn besorgt davon überzeugen wollte.

»Ah naa, Frau Doktor, dös isch koa Keuchhusten net, dös isch a ganz a guatmütiger Schafshusten.« Nein, der sei nicht ansteckend – wir spielten also seelenruhig mit den Dorfkindern weiter.

Bald keuchte das ganze Dorf.

Wir spielten auch mit der kleinen Tochter eines Sommergastes aus Wien. Als sie jämmerlich zu husten anfing, fuhren ihre besorgten Eltern mit ihr zu einem Kinderarzt nach Innsbruck und kamen mit der Schreckensnachricht zurück: ihr Kind hatte Keuchhusten!

Meine Mutter war entsetzt. Vor ihren besorgten Augen stand eine tödliche Gefahr für ihre Kinder. Wenn sie nun zu dem gutmütigen Schafshusten auch noch den bösen Keuchhusten dazubekamen – nicht auszudenken! Die Kleine wurde trotz des schönen Sommerwetters in ihr Zimmer eingeschlossen, und auch ihre Eltern wurden nur von ferne mitleidsvoll gegrüßt – nur keinen Kontakt mit den Bazillenträgern...

Als wir nach Prag zurückkamen, waren Willi und ich bereits wieder gesund, nur Kurt keuchte immer noch. Unser Hausarzt wurde gerufen.

»Das ist eindeutiger Keuchhusten. Schafshusten – so etwas gibt es überhaupt nicht. Wer hat Ihnen denn das eingeredet?«

Im darauffolgenden Sommer ging meine Mutter sofort zu dem Tiroler Dorfarzt: »Sehen Sie, ich hatte doch recht – unsere Kinder hatten alle drei Keuchhusten!«

»Jo freili, Frau Doktor, dös hab i scho gwußt, aber i hab mir halt denkt, wann i Ihne dös saget, nachher tätens viel zu viel erschrecken, und dös braucht's ja net in der Sommerfrischen. Da hab i halt dös mit dem Schafshusten erfunden – den gibts gar net – aber Sie hamm mir's glaubt!« Und er lachte aus vollem Halse. Da hatte er sie schön hineingelegt, die gescheite Frau Doktor, Tochter vom berühmten Professor Ganghofner, der seit 1892 im Sommer immer hier Stammgast gewesen war. Viele Bauern hatte der bekannte Arzt damals umsonst behandelt, und so sprach man noch heute von ihm wie von einem Heiligen, was unseren braven Dorfarzt nicht wenig verdroß.

Meine Mutter war sprachlos. Das mit dem Keuchhusten – er hatte es gewußt! Sie konnte diesen Mann nicht begreifen. Und wir hatten das ganze urgesunde Dorf mit Bazillen verseucht – *das* meiner Mutter!

Kurt konnte sich von seinem Keuchhusten lange nicht erholen. Er krächzte wie ein Rabe und bekam eine Stimmbandreizung. Der Arzt verordnete für ihn absolutes Stillschweigen – eine Woche lang. Diesem dynamischen Kind – Stillschweigen! Um das zu erreichen, hätte er es für eine Woche in Tiefschlaf legen müssen. Von allen Seiten wurde der Bub ermahnt: »Kurt – sei still!«

Er war es nicht. Je klangloser seine Stimme wurde, desto heftiger krächzte er, um gehört zu werden.

Da hatte mein Vater eine glänzende Idee: »Wir führen eine stille Woche ein. Ab sofort darf niemand mehr laut reden, es wird nur noch geflüstert. Wer das durchhält, bekommt am Ende der Woche eine Belohnung, wer dagegen verstößt, muß Strafe zahlen. Jeder laute Satz kostet zehn Heller. Mizzi schreibt die Strafen auf!«

Wir waren fasziniert. Das war etwas ganz Neues – eine flüsternde Familie ...

»Und wie ist es, wenn *du* schreist, Vater?«

»Ich schreie nie!« schrie er empört.

»Zehn Heller – etsch!«

Willi, der schweigsamste der Familie, sah seine große Zeit kommen: »Und wie machen wir es mit Besuchern? Wenn die laut reden, müssen die auch Strafe zahlen?«

»Natürlich. Mach ein großes Plakat, daß bei uns stille Woche ist –«

»Und daß Besuche unerwünscht sind!« Willi haßte Besuche; immer saßen sie im Salon herum, wo sein geliebtes

Klavier stand, und »guten Tag« sagen mußte man auch und mit sauberen Händen – Besuche waren die Pest!

Aber Vater liebte Besuche, flüsternde waren ihm lieber als gar keine.

Willi malte ein großes Plakat, das an unsere Wohnungstüre geheftet wurde, darauf stand:

STILLE WOCHE

In der Wohnung des Herrn Dr. Rolf Hübner darf in der Woche vom 20. 9.–28. 9. 1926 nur geflüstert werden. Die Anwendung hörbarer Sätze ist strengstens untersagt und wird mit einer Strafe von zehn Hellern geahndet. Ausnahmen können keinesfalls geduldet werden. Wer nicht gewillt ist, sich diesem Lautstärkeverbot zu unterwerfen, wird gebeten, sein Erscheinen auf einen späteren Zeitpunkt zu verschieben.

Familie Hübner

Die erste, die dieses Verbot mißachtete, war Frau Absolonová.

»Was is das fir bleedes Zeig?« schrie sie. »Warum flistern? Da her ich ja nicht, was ich sag…«

Das sei halt wegen Kurt und seiner Stimme.

»No, das sind ja feine Sittlichkeitn – bleedsinnige! Da sagt man dem Bub einfach kusch – und fertig! Und wann hält nicht das Maul – Hintern voll, abr tichtig. No, das mecht mich haben! Stille Woche – daß ich nicht lach! Das mißte *mein* Bub sein, dem mecht ich zeign – der mecht abr schnell lernen kuschen!«

Mizzi war empört über ihr Geschrei in dieser stillen

Woche und flüsterte erregt: »Wie können Sie nur so schreien, der Arzt hat streng angeordnet...«

»*Mir* hat Arzt nix geordnet, und wann Ihre Familli will flistrn – mir is wurscht, *ich* schrei!«

Willis Plakat wirkte ganz in seinem Sinne. Niemand besuchte uns – man las und kehrte um. Bald hieß es in Prag: »Die Hübners haben eine schwere Krankheit – sie haben alle ihre Stimme verloren!«

Ohne Übertreibung ging es in Prag eben nicht, und von Mund zu Mund wurden wir immer kränker.

Eines Tages erschien der Kollege einer auswärtigen Sparkasse bei meinem Vater, drückte ihm stumm und mitleidsvoll die Hand und flüsterte: »Wie ich das bedauere, Herr Doktor, es ist...«

»Was ist mit Ihnen? Haben Sie Ihre Stimme verloren?« rief kraftvoll mein Vater.

»*Ich*? Wieso ich? Ich denke – *Sie*?« Eine Sensation weniger. Diese Familie Hübner war akustisch eben nicht kleinzukriegen.

Sprachschwierigkeiten

Die Prager Deutschen lebten in der Illusion, ein gutes Deutsch zu sprechen. Sie merkten gar nicht, wie sehr ihr Ohr und ihre Zunge im Laufe der Jahre vertschechelt waren. So sagten sie »Erdenhader« und meinten damit keinen weltweiten Streit – es war der Ausdruck für

»Scheuertuch«. »Hadr« heißt wörtlich »Fetzen«. Und Hausschuhe nannte man »Batschkoren«, ebenfalls aus dem Tschechischen abgeleitet (»bačkora« = Pantoffel).

Es gab überhaupt so eine Art »Pantoffeldeutsch«, denn wenn man in besonders behaglicher Stimmung war, wurde man »slawisch«. Dann sagte mein Vater: »Jetzt geb ich mir ein pivičko (Jetzt gönne ich mir ein Bierchen).« Oder: »Heut müßt' ich zum Zahnarzt gehen, aber es will sich mir nicht.«

Es sprach auch kein Mensch von »Pflaumenmus«, das hieß nur »Powidl«, und ein verwirrendes Durcheinander war eine »Mischkulanze«. Wir waren uns mit den Tschechen völlig darüber einig, daß »Spagat« ein Bindfaden und keine verrenkende Turnübung war.

Umgekehrt hatten auch die so sprachbewußten Tschechen viele Ausdrücke von uns Deutschen übernommen. Man nannte es das »Kuchelbemmisch«, weil es an deutschen Herden von tschechischen Köchinnen zusammengerührt wurde. Sie sagten »klandr« für »Geländer«, »fotr« hieß »Vater«, und sogar in den tschechischen Kasernen stand auf dem offiziellen Dienstplan »Klenkybunky«, was »Gelenksübungen« bedeutete. Die Gewohnheit hatte den sprachlichen Patriotismus auf kleinen Seitenwegen friedlich umschlichen, und beide Parteien fühlten sich dabei sehr wohl.

Die Tschechen fanden die deutsche Sprache scheußlich, und wenn sie uns phonetisch nachahmen wollten, riefen sie spöttisch: »Was kullimulli wochzaitl paitl!«

Wir wiederum mokierten uns über ihre vielen vokallosen Worte und zitierten dann gern den Satz: »Strč prst skrz krk« (Steck den Finger durch den Hals). Eine unausführbare Aufforderung.

Meine Mutter stand mit der tschechischen Sprache auf Kriegsfuß. Der Krieg fußte nicht in ihrem Willen – nein, der fehlte nicht. Aber all ihre Mühe verfing sich immer wieder verhängnisvoll in dem Netz ähnlich klingender Worte, und sie war von dem Pech verfolgt, immer gerade das falsche zu erwischen.

»Dieser unverschämte Beránek – zu dem gehe ich nie wieder! Ich wollte fettes Suppenfleisch kaufen, und er sagte, das hätte er nicht – dieser Chauvinist!«

»Wie hast du es denn verlangt?« fragte mein Vater ahnungsvoll.

»Ganz einfach – ich sagte ihm: dejte mi plesnivý maso!«

»Das glaube ich«, lachte mein Vater, »daß er das nicht hatte, und es gereicht ihm sogar zur Ehre! Plesnivý heißt nämlich ›schimmlig‹, ›plsnivý‹ heißt ›fett‹!«

»Eine idiotische Sprache, bei der ein einziger Buchstabe so eine Mischkulanze anrichten kann!«

Ähnlich ging es ihr, als sie einen Weihnachtsbaum kaufen wollte. Sie fragte den Verkäufer: »Máte jelen (Haben Sie einen Hirschen)?« Wie konnte der arme Mann ahnen, daß sie eine Tanne wollte, die »jedle« heißt, und wie konnte sie ahnen, daß sie sich im Tierreich befand? Sie bestand wortreich darauf, einen schönen, großen »Hirschen« kaufen zu wollen, gut gewachsen müsse er sein. Je mehr der Mann beteuerte, keinen Hirschen zu haben, desto erregter verlangte sie danach.

134

Der Mann drehte sich völlig irritiert zu seiner Frau um und sagte: »To je bláznivá (Das ist eine Irrsinnige)!«

Das verstand meine Mutter; sie war empört. Sie kaufte keine Hirschtanne bei einem so unverschämten Menschen.

Ein anderes Mal gelang es ihr, das ganze Personal des Wilsonbahnhofes zu verwirren. Wir wollten unsere Sommerreise nach Tirol antreten und standen als große Gruppe in der Halle des Bahnhofes. Sieben Personen und zwanzig Gepäckstücke. Da wir immer zehn Wochen in Tirol blieben, wurde der halbe Hausrat mitgenommen. Meine Mutter wollte einen Träger, was »nosíč« heißt, schrie aber aus vollem Halse: »Nočník!« Und das heißt »Nachttopf«.

Da sie drei kleine Kinder bei sich hatte, schien ihr Verlangen nicht unnatürlich. Trotzdem wunderte sich das Bahnhofspersonal, daß diese vornehme Dame so laut und ohne Schamgefühl nach einem Nachttopf schrie.

Schließlich näherte sich ihr diskret ein Bahnbeamter und beteuerte: »Milostpaní, to tady nemáme (Gnädige Frau, das haben wir hier nicht)!«

So eine Unverschämtheit! Meiner Mutter zu erklären, sie hätten auf dem Wilsonbahnhof keine Träger! Das war zuviel – wieder so eine tschechische Gemeinheit. Sie blitzte den subalternen Lügner wütend an und schrie, aufs höchste gereizt, in aggressiver Lautstärke: »Nočník! Nočník!«

Die Umstehenden sahen sich befremdet nach ihr und ihren Notdurftskindern um.

Da kam mein Vater vom Fahrkartenschalter zurück, hörte mit Entsetzen die abwegigen Rufe seiner Frau und stürzte zu ihr, um sie aufzuklären. Verstört beschloß sie, ihre Tschechischkenntnisse zu vertiefen.

Sie schaffte es nie.

Der Weihnachtsonkel

Der Winter verwandelte den historischen Stadtteil von Prag in eine zauberhafte Kulisse. Die Karlsbrücke mit ihren schneebedeckten Heiligen, die vielen Kirchturm-kuppeln mit ihren dicken, weißen Hauben, das Glitzern des Schnees im matten Licht der alten Straßenlaternen, das zarte Schimmern aus buntverglasten Kirchenfenstern – alles war leiser und eingehüllt, zurückgenommen nach innen.

Um so lauter ging es in den Häusern zu. Es war die Zeit der Feste mit Musik, Tanz und häuslichen Theaterauf-führungen, und die Prager Familien überboten sich in der Ausgestaltung ihrer Hausbälle an Einfällen.

Für uns Kinder stand im Mittelpunkt aller Ereignisse das Weihnachtsfest. Wir liebten das geheimnisvolle Ge-tuschel, die köstlichen Gerüche aus der Küche.

Aber da war ein dunkler Punkt: Mein Vater besaß ein Album, für das wir jedes Jahr fotografisch festgehalten werden mußten, um unsere Entwicklung im Bild ver-folgen zu können. Meine Mutter versah die Prachtaufnahmen mit entzückenden, humorvollen Gedichten. Vater liebte sein »Weihnachtsalbum« über alles; wir aber haßten den Gang zum Fotografen. Es begann schon mit dem Zwang, gut gekleidet und wohl frisiert zu erscheinen. Im Atelier setzte sich die Qual fort. Wir wurden umständlich und in möglichst unnatürlicher Haltung auf einer roten Samtbank »arrangiert«, an den Hinterkopf preßte man uns eine Haltegabel, damit sich die Position nur ja nicht veränderte.

»Das Kopferl bissl höher, jetzt auf das Brüderl schauen – nein, das Handerl mehr nach rechts legen, das andere auf die Schulter vom Schwesterl –«, jeder Bestandteil unseres Körpers bekam seine festgelegte Haltung, und wenn wir völlig zu Marionetten erstarrt waren, hieß es: »Lächeln, lächeln...«

Das Resultat war entsprechend – wir sahen auf den Fotos immer wie geistig stehengeblieben aus. Aber eine Ähnlichkeit war unverkennbar.

Jedes Jahr am zwanzigsten Dezember kam der geliebte Vorbote unseres Weihnachtsfestes: Onkel Eugen Ganghofner aus Leitmeritz. Er war der letzte Bruder meines verstorbenen Großvaters, ein verschrobener Junggeselle, der uns köstlich amüsierte. Er war immer mürrisch und schimpfte über alles, aber es war wie das liebevolle Knurren eines Hundes, der treu an seiner Familie hängt. Onkel Eugen war groß und schlank, hatte struppige graue Haare und ein hageres Gesicht mit einer scharfen Nase. Seine ausdrucksvollen Augen konnten einen so durchbohrend ansehen, daß man sich förmlich aufgespießt fühlte, und obwohl er selten lachte, hatte er viel Humor. Aber sein Humor und seine Liebe äußerten sich fast nur in polternden Zornesausbrüchen von großer Originalität, die wir Kinder nur zu gern herausforderten. Ein Weihnachtsfest ohne Onkel Eugen wäre für uns nicht denkbar gewesen.

Er kam immer mit einem Zug um fünf Uhr nachmittags an, und Willi und Kurt sollten ihn vom Bahnhof abholen. Sie versäumten ihn aber jedes Jahr. Der Bahnhof mit seinen vielen Zügen und dem weihnachtlichen Gewimmel faszinierte sie so, daß sie ihn übersahen.

Dann stand er wütend mit seinem kleinen Koffer vor uns in der Wohnung: »Habts ihr mir wieder die zwei Trotteln auf den Bahnhof geschickt, die mich nie sehen? Gibt es denn in eurer meschuggenen Familie keinen einzigen Menschen ohne Wasserhirn, der einem helfen könnte, meinen schweren Koffer zu tragen?«

Wir waren davon überzeugt, daß er meine Brüder immer absichtlich übersah – er brauchte halt einen Anlaß zum Schimpfen.

Wenn die beiden Sünder dann betreten ankamen: »Onkel Eugen, du bist schon da?«, raunzte er: »Nein, ich bin noch nicht da, ich steh noch auf dem Bahnsteig und warte frierend, daß mich zwei Hornochsen endlich bemerken! Ihr seids leider nicht nur blöd, ihr seids auch blind wie Suppenhühner!«

Onkel Eugen liebte Musik über alles. Er wußte, daß wir immer ein Weihnachtskonzert veranstalteten, und er hörte gern bei unseren Proben zu, wobei er immer leise

138

mitsang und bei jedem Fehler gequält aufschrie: »Fis, fis! Es zieht mir die Schuh aus – kannst du keine Noten lesen, unmusikalischer Trampel?«

Selbst wenn es ihm gefiel, schimpfte er: »Willi, du bist zwar ein geistiger Mißgriff, aber geigen kannst du, das muß man dir lassen!«

Moderne Musik haßte er, und als Willi einmal eine Sonate von Hindemith spielte, schrie er: »Laßts mich mit diesem Hundemist in Ruh! Der Kerl ist ein Ohrenmörder – das dreht einem ja den Magen um!«

Am ersten Weihnachtsfeiertag ging er jedes Jahr in die Oper. Vorausgesetzt, es gab »etwas Anständiges«. Anständig waren bei ihm nur Mozart, Beethoven, Verdi und Wagner. Puccini war »Tränenschmalz«, Richard Strauß »wildgewordener Krautsalat«.

Er lud mich immer dazu ein, und ich mußte die Karten besorgen: »Du Nichtsnutz, du hast zwar bedauerlich wenig in deinem Flatterschädel, aber zwei gute Plätze wirst du uns ja hoffentlich trotzdem verschaffen können.«

»Wo möchtest du denn sitzen?«

»Blöder Fragekasten – wo man gut hört!«

»Also in der ersten Reihe Parkett?«

»Bist du schwachsinnig? In der ersten Reihe? Da hör ich doch nur das Orchester und muß mir die geschminkten Fratzen anschaun!«

»Also mehr in der Mitte?«

»In der Mitte? Damit mir der Luster auf den Kopf fällt? Bin ich ein Selbstmörder?«

»Also vielleicht in der ersten Reihe auf dem Balkon? Da fällt dir nichts auf den...«

»Nichts? Wenn einer von der Galerie sein Opernglas herunterfallen läßt – fällt es mir da etwa nicht auf den Kopf? Aber du hast eben keine Phantasie, du lebendes Unkraut!«

Das Unkraut brach in lautes Lachen aus, was ihn sehr erboste: »Kann man denn mit dir kein ernstes Wort reden, du Flederwisch? Dein Verstand reicht nicht einmal für zwei Theaterkarten – in was für eine Familie bin ich da geraten!«

»Onkel Eugen, ich bin jetzt ganz ernst. Wie wäre es mit Plätzen auf dem rückwärtigen Balkon, unter dem Dach?«

»Du Satansbraten, bist du denn von allen Göttern verlassen? Ich will doch etwas hören – wenn ich mich zehn Kilometer von der Bühne entfernt unters Dach setze, kann ich gleich in Leitmeritz bleiben. Gute Plätze sind weder vorn noch in der Mitte noch auf der Seite, wo man nur die Bläser hört, noch hinten – mein Gott, es ist doch ganz einfach...«

Natürlich wußte ich, daß er in der sechsten Reihe links sitzen wollte. Auch unser alter Kassier am Deutschen Theater wußte das und reservierte jedes Jahr diese Plätze für uns, aber es reizte mich immer wieder enorm, das so faszinierende Vokabular seiner Flüche herauszufordern – deshalb wollte ich das Kartenfragespiel nicht missen.

Wenn dann der Opernbesuch herankam, war Onkel Eugen sehr aufgeregt. Zwei Stunden vorher begannen seine Vorbereitungen.

»Satanella!« (So nannte er Mizzi wegen ihrer schwarzen Augen.) »Bringen Sie mir sofort heißes Wasser zum Rasieren. Und daß mich keiner stört!« Das ging auf mich. Stören war meine Spezialität, und bei ihm war es so erfolgreich.

Beim Rasieren sang er immer und schnitt sich mehrfach: »Satanella! Wo habts ihr den Alaunstift, ich verblute – aber das ist euch ja wurscht, ihr barbarischen Egoisten!« Dann kam der Kampf mit dem Kragenknopf. Onkel Eugen fummelte so nervös daran herum, daß dies tükkische Objekt mehrmals absprang, und dann rief er: »Ihr Taugenichtse, schnell, suchts mir mein Kragenknöpferl, in dieser verhexten Wohnung findet man ja nichts wieder!«

Wir krochen belustigt auf dem Boden herum und taten immer so, als fänden wir nichts, nur um uns Onkels Flüche nicht entgehen zu lassen.

»Habts ihr denn Schuppen auf den Augen? So ein kleiner Knopf muß doch zu finden sein? Warum komme ich nur jedes Jahr in dieses Irrenhaus – meine letzten Nerven büßt man bei euch ein! Also, was ist? Kriechts nicht herum wie verblödete Krokodile, suchts lieber mit Verstand!«

So schimpfte er unentwegt und trippelte nervös um uns herum. Wir kicherten leise. Schließlich gaben wir ihm den längst gefundenen Knopf und blieben vorsorglich gleich auf dem Fußboden sitzen.

»Was machts ihr denn da? Bin ich denn in einem Tempel, daß ihr alle auf dem Boden hockt?«

»Wir warten nur, bis dir der Knopf wieder abspringt.«

»Blödsinn, warum soll er mir denn... Herrgott, jetzt ist er wieder weg! Das ist nur, weil ihr mich total verrückt macht mit eurer Herumkriecherei, ihr hirnlose Schlangenbrut!«

Wenn er dann endlich angezogen war, rief er: »Satanella, wo bleibt mein Nachtmahl!«

Es stand bereits auf dem Tisch, genau nach seinen Wünschen: zwei Schinkenbrötchen und ein Glas Rotwein. Bei Wagneropern mußten es drei Schinkenbrote sein. Mageninhalt und Länge der Oper wurden sorgsam aufeinander abgestimmt.

Während des Essens legte er seine große goldene Uhr vor sich hin und sah alle zwei Minuten nach, wie spät es ist.

»Zu spät kommen hasse ich! Das machen nur Weiber!«

Kaum hatte er gegessen, erhob er sich nervös: »Wo hast du die Theaterkarten?«

»Aber Onkel Eugen, die habe ich doch *dir* gegeben!«

»Mir? Was lügst du mir da schon wieder in die Ohren! Nichts hast du mir gegeben!«

»Aber du hast sie doch heute vormittag in deine Brieftasche gesteckt, ich habe es gesehen!«

»Aha – spionieren tust du auch noch, du Weibergezücht. In meinem Portefeuille sind sie nicht.«

»Sieh doch bitte erst einmal nach.«

»Ich denke gar nicht daran. Gib sofort die Karten her – du hast sie!« Aufs höchste gereizt stand Onkel Eugen wie ein wütender Vogel vor mir, und es fiel mir schwer, ernst zu bleiben.

»Bitte, Onkel Eugen, glaub es mir, sie sind in deiner Brieftasche!«

»Ich werde dir sofort beweisen, daß du...« Er griff mit nervöser Hast in seine Jackentasche – aber die Brieftasche war nicht drin.

»Man hat mich bestohlen! In was für eine Räuberhöhle bin ich hier geraten!«

»Ihr Portefeuille liegt auf dem Nachtkastl.« Mizzi sah und wußte alles.

»Welcher Idiot hat es denn dort hingelegt?«

Mizzi brachte die Brieftasche: die Karten lagen darin.

»No also«, meinte Onkel Eugen befriedigt, »da sind sie ja. Bei mir herrscht Ordnung, nur ihr Trampeltiere bringt alles durcheinander. Dann können wir ja gehen. Halt! Wo ist mein Opernglas?«

»Hier, Onkel, ich halte es schon in der Hand.«

»Es gehört nicht in deine Hand, es gehört in meine Manteltasche – Sauwirtschaft!«

Er hastete die Stiege hinunter. Plötzlich blieb er stehen.

»Wo ist meine Uhr? Um Gottes willen – sie ist weg!«

Verstört suchte er in allen Taschen.

»Vielleicht hast du sie auf dem Tisch liegen gelassen...«

»Ich lasse nie etwas liegen, Schlamperei gibt es bei mir nicht.«

Da rief Mizzi von oben: »Herr Ganghofner – Ihre Uhr! Sie lag auf dem Tisch!«

»Aha – wieder diese Satanella! Das Rabenweib bringt mir nur Unglück – erst verlegt sie mir mein Portefeuille und jetzt wieder die Uhr..!«

Auf dem Weg ins Theater ging er immer einen Schritt vor mir, mit hastigen, kleinen Trippelschritten – er sah sich nicht nach mir um und gab mir auf nichts eine Antwort.

Wenn er dann im Theater auf seinem Platz saß, war er wie verwandelt. Die nervöse Hast war von ihm gewichen, seine drohenden Augen bekamen einen Ausdruck kindlicher Vorfreude, alles an ihm war gelöst und voll Erwartung. Dann sagte er: »No – also…« und sah mich lächelnd an, als wollte er sagen: ich meine das alles gar nicht so. Wir beide verstehen uns doch. Und wir gehören zusammen. Hier im Theater, hier bei unseren geliebten Opern – und überhaupt.

Er lehnte sich zurück und schloß die Augen, als höre er der Musik entgegen. Bei Opern, die im Pianissimo beginnen, konnte das peinlich werden, denn er war etwas schwerhörig und fragte dann mitten hinein: »Warum fangen sie denn nicht an?«

In einer solchen Vorstellung saßen einmal Franz Werfel und Max Brod vor uns. Man sah sie oft im Theater, vor allem Max Brod, der zum Stammpublikum gehörte. Beide drehten sich erbost nach meinem Onkel um, aber als Werfel die skurrile Gestalt meines Onkels und mich kleine, beschwichtigende Person daneben sah, lächelte er amüsiert. Er war mir sofort sympathisch, und als ich später seine Bücher las, sah ich immer sein verständnisvolles, gütiges Gesicht vor mir.

Zu dem Opernstammpublikum gehörte auch das Ehepaar Kohn. Er war ein kleiner, bebrillter Jude, sie war

144

eine dicke Person mit einer grellen Stimme. Sie fielen uns
nur deshalb auf, weil er immer vier Reihen vor seiner
Frau saß, die zu Beginn jeder Pause in einer großen,
weißen Tüte raschelte und ihrem Mann über die Reihen
zurief: »Kohn, willst du frischer Käck?«
Durch dieses Beispiel angeregt, nannten wir auch zu
Hause Kekse nur noch »frischer Käck«. Vorbilder be-
fruchten. – – –
Onkel Eugen spielte sehr gern und erfrischend schlecht
Karten. Am liebsten Tarock, ein damals sehr beliebtes
Spiel. Ich sah gerne zu, weil mir Onkels Flüche so gefielen.
»Ein Scheißblatt, Himmel, Arsch und Wolkenzwirn!«
Oder: »Karten wie Kraut und Kaktusstacheln... Wer
gibt mir nur diesen Auswurf an Miserabilitäten?«
Mein Vater sagte einmal voll Bewunderung: »Eugen,
jetzt fluchst du schon eine ganze Stunde und hast dich
noch nicht einmal wiederholt!«
Onkel Eugen sang beim Spielen oft vor sich hin, und
mein Vater rügte das: »Du konzentrierst dich nicht – du
weißt nie, wieviele Trümpfe draußen sind! Zählst du
denn nicht mit?«
»Mitzählen? Wofür hältst du mich? Trümpfe zählen
kann jeder Trottel – da ist Kartenspielen kein Kunst-
stück!«
Er liebte es, morgens beim Frühstück geruhsam die Zeitung zu lesen. Und ich liebte es, ihn dabei zu stören. Ich
setzte mich ihm gegenüber und sah ihn an. Zuerst stumm.
Er beachtete mich nicht.

»Onkel Eugen...«

Er sah nicht auf und las.

»Onkel Eugen! On-kel Eu-gen!«

»Herrgott, verdammter Plapperschwanz, schweige!«

»Ich wollte dich nur etwas fragen...«

Keine Antwort.

»Onkel Eugen, hörst du denn nicht? Ich muß dich ganz dringend etwas Wichtiges fragen!«

Gequältes Seufzen.

Ich stand auf, stellte mich dicht neben ihn und tat so, als läse ich mit in der Zeitung. Das haßte er.

»Was ist los, zum Donnerwetter! Also frag schon!«

»Ich wollte dich nur fragen, was du da liest.«

»Was ich da lese? Etwas Dümmeres fällt dir wohl nicht ein, was? Die Zeitung lese ich – und jetzt beehre mich mit deiner rapiden Abwesenheit!«

»Aber was, was liest du in der Zeitung?«

Er raffte wortlos die Zeitung zusammen und verschwand mit ihr in der Toilette: »Der einzige Raum, in dem man noch ungestört ist!«

Nach endloser Zeit kam er zurück. Ich erwartete ihn voll Treue.

»Du bist ja immer noch da, du Hexenpilz! Hast du denn nichts besseres zu tun..?«

»Ich wollte nur wissen, ob du jetzt spazieren gehen wirst.«

»Nein.«

»Warum nicht?«

»Weil es regnet.«

»Warum gehst du nicht spazieren, wenn es regnet?«
»Bist du total verblödet? Weil ich da naß werde!«
»Stört dich das, wenn du naß wirst?«
Onkel Eugen lief in höchster Erregung zu meiner Mutter: »Ich muß dich unbedingt sprechen. Es ist sehr ernst. Deine Tochter ist im höchsten Grade schwachsinnig. Zuerst fragt sie mich, was ich lese, obwohl jedes Kalb sieht, daß ich Zeitung lese! Dann fragt sie mich, ob ich spazieren gehe, obwohl jeder noch so idiotische Halbmensch sieht, daß es draußen regnet, und dann fragt sie mich auch noch, ob es mich stört, wenn ich naß werde. Das ist nicht normal, dieses Kind ist ein geistiges Embryo! Dagegen müßt ihr sofort etwas unternehmen, eh es noch schlimmer wird.«
Meine Mutter lachte – er war starr: »Bei euch ist Hopfen und Malz verloren – ihr gehört alle zusammen ins Irrenhaus! Niemand versteht mich hier. Ich begreife nicht, warum ich alter Esel immer wieder zu euch komme.«
Und wenn er dann abreiste, trippelte er verwirrt um uns herum: »Ja, also – dann...« Er gab keinem die Hand, er sagte nichts aus dem üblichen Abschiedsvokabular, aber man fühlte seine Rührung. Unvermittelt griff er dann nach seinem Koffer und eilte die Stiegen hinunter. Begleitet werden wollte er nicht. »Da steht man nur verblödet auf dem Bahnhof herum...«
Wir alle standen oben im Stiegenhaus, sahen ihn in seinem verbeulten Hut und seinem dicken Wintermantel die Wendeltreppe hinablaufen und riefen ihm nach: »Auf Wiedersehen, bleib gesund! Bis zum nächsten Jahr!«

Er drehte sich nie nach uns um.

Er war ein ungewöhnlicher Onkel, ja ein Prachtexemplar der Gattung Onkel. Nie sagte er ein herzliches Wort, nie brachte er uns ein Geschenk mit, und mit nichts bekundete er seine innige Zuneigung zu uns allen. Er war wie ein zerzauster Vogel, der nur wütend krächzen, wild mit den Flügeln schlagen und nach allem rund um sich hacken konnte. Und doch fühlte man sein gütiges Herz, seinen Humor und seine liebevolle Anhänglichkeit an unsere »schwachsinnige« Familie.

Kabarett Hübner

Das Temperament der Prager war voll Saft und Kraft, und so benötigte man keinen Alkohol, um in gehobener Stimmung zu sein. Man liebte die Improvisation, die Impulsivität und war wie eine Sprungfeder immer bereit, herauszuschnellen in Übermut und Euphorie. Das verleitete nüchterne Fremdlinge zu der Feststellung: »Die Prager sind immer besoffen.«

Dabei war es nur die innere Hochspannung, das Engagement für Musik, Malerei und Literatur und die Lust am Gespräch mit Gleichgestimmten. Gastfreundschaft wurde groß geschrieben, und man verwöhnte seine Gäste mit gutem Essen, besonderen Tischdekorationen und Kunstgenüssen. Hauskonzerte und Theateraufführungen waren sehr beliebt, und oft schrieb man seine Stücke selbst.

Das brachte uns Kinder auf die Idee, schöpferisch tätig zu werden: wir wollten ein Kabarett schreiben. Wir hatten keine Ahnung, wie man so etwas macht – aber Ahnungslose sind mutig.

So setzten wir uns zu einer ersten Besprechung in den Salon und verschlossen die Türe. Großes muß in elitärer Abgeschiedenheit geboren werden, und wir wollten das Aufblühen unserer Einfälle nicht durch unschöpferische Auftritte störender Angehöriger vernichten lassen.

Willi war damals sechzehn, ich dreizehn und Kurt zehn Jahre alt. Kurt fand, bei einer Sitzung müsse man rauchen, und drehte sich aus Toilettenpapier kleine, weiße Rollen, die er lässig »qualmte«. Vor allem das Abstreifen der »Asche« nahm seine ganze Aufmerksamkeit in Anspruch und wurde aus lockerem Handgelenk mit blasierter Miene ausgeführt. Wir waren der Meinung, ein geistiger Einsatz wäre fruchtbarer als diese Playboy-Pantomime. Er sagte souverän und ungerührt: »Unterbreitet mir eure Vorschläge – ich treffe dann meine Wahl.«

Willi und ich zerbrachen uns die Köpfe. Es mußten aktuelle Themen sein – das war uns klar. Träge Gewohnheiten, Sentimentalität und Sensationslust mußten mit kritischem Spott lächerlich gemacht werden.

Zuerst fiel uns der Fußball ein, und wir entwarfen einen Streitsong zweier fanatischer Anhänger, einer stritt für seinen »Sparta Prag«, der andere für den »Slawia«. Kurt fand das ausgezeichnet und beteiligte sich rege.

Dann machten wir eine Persiflage über die »Wochenschau« mit ihren Sensationsberichten aus aller Welt. Weiter schlug ich vor, die geheimnisumwitterte Greta Garbo zu veralbern, und fing gleich an:

»O Greta Garbo, du scheues Reh,
    wenn ich dich in dunkler Brille seh,
    mit deinem großen, schlappen Hut...«

»Dann kriege ich die Holly-Wut!« rief Kurt dazwischen. »Was soll der Quatsch! Das ist doch idiotisch, Hollywut ist überhaupt kein Wort!«
»In einem Kabarett muß man originell sein, du Kuh, du dichtest viel zu spießig! Moment mal... jetzt hab ich es. Wir schreiben:

Man nennt dich göttlich, wunderbar –
    für mich bist du ein Langweilstar
    mit deinen Scheue-Reh-Allüren,
    die mich zum Grinsen nur verführen!«

»Das ist total idiotisch – du Blödian kapierst ja nicht, was das für eine Künstlerin ist!« Ich sah mich schon als verkleidete Garbo mit großem Schlapphut und Brille menschenscheu agieren und wollte mich nicht um meinen Song bringen lassen. Ich würde die literarischen Schwächen durch künstlerische Faszination ausgleichen – die Duse machte das auch.
Kurt schlug vor, lieber ein Chanson über Max Schmeling und Joe Louis zu schreiben – aber da protestierte ich. Der mit seinen Boxern. Er hatte ein brutales Schülerhirn.

Willi und ich waren mehr für ein Chanson über die Macht der Presse und fanden, es müsse aggressiv sein – so etwas gehört in jedes gute Kabarett. Kurt fand das albern, aber wir verteidigten unser Chanson und gerieten in einen so heftigen, lautstarken Streit, daß meine Großmutter gegen die Türe klopfte: »Aufmachen! Seids ihr total verrückt geworden? Wenn ihr euch unbedingt umbringen wollt, dann wenigstens öffentlich und nicht hinter verschlossener Türe!«

Ich schloß kurz auf: »Nein, Großmutter, wir streiten nur, weil wir dichten.«

»Ach so – dann machts nur weiter.« Kunst war laut, das verstand sie.

Nachdem die Texte fertig waren, ging es um die Vertonung. Dafür war Willi zuständig – unser Beethoven. Wir beschworen ihn nur, es für uns nicht zu schwer zu machen; seine Kompositionen waren immer sehr »getiftelt«, und man fand seine Töne so schwer in dem modernen Durcheinander. Nein, er würde hauptsächlich bekannte Schlager benützen und sie nur bearbeiten. Aber das wäre viel Arbeit, und wir sollten die Zeit nützen und schon mal die Texte lernen.

Kurt, von gesunder Faulheit durchdrungen, lehnte das ab: »Wofür hältst du mich – ich werde Texte ohne Noten lernen! Ich bin doch kein Dilettant!«

Aber auch, als die Musik fertig war, fehlte bei ihm jede Spur von Lerneifer. Er wäre kein geistloser Stucker wie ich, er würde das bei den Proben spielend lernen.

Das sah dann so aus, daß ich meine Texte wie geschmiert

beherrschte, und wenn Kurts Einsatz kam, hörte man die ersten drei Worte – und dann irgendeinen »Ersatztext«, der ihm gerade so einfiel, oder auch gar nichts.

Willi und ich fielen wütend über ihn her: »Du faules Schwein, lern endlich deinen Text!«

»Warum regt ihr euch auf, man muß nicht immer den Text singen, den *ihr* fabriziert habt, ich bin eben schöpferisch…«

»Du bist nicht schöpferisch – du stinkst vor Faulheit!«

»Der berühmte Girardi hat seine Texte auch nie gelernt – geniale Künstler haben das nicht nötig. Zur Premiere kann ich meinen Text – nur keine jüdische Hast!«

Bei den nächsten Proben war es ähnlich. Kurt wußte zwar inzwischen wenigstens immer, wann sein Einsatz kam, und er sang auch einige Verse fehlerfrei – aber dann versickerte sein Gedächtnis, und er sang nur noch »lalalalala«…

»So geht das nicht weiter – wenn du nichts lernst, spielst du eben nicht mit.«

»Bitte schön – von mir aus!«

Pfeifend verließ er den Raum. Er kannte die Stärke seiner Position: ohne ihn waren wir aufgeschmissen und das Kabarett gestorben. Er war nicht nur in vielen Szenen mein Partner, er hatte auch einige wichtige Soli. Außerdem war er mit seinem Charme und Temperament ein glänzender Darsteller, wir konnten auf ihn nicht verzichten. Willi und ich saßen ratlos da.

Wie so oft in scheinbar ausweglosen Situationen sprang meine Mutter ein. »Ich werde dem Kurt seinen Text soufflieren, dann lernt er es schneller – ihr werdet sehen, er schafft das!«

Kurt war zufrieden. Er hatte seinen persönlichen Souffleur, er hatte seine Extrawurst, und er hatte die hohe mütterliche Unterstützung seiner Faulheit. Mehr wollte er nicht.

Willi und ich schwiegen grimmig, wir hatten immer die ganze Arbeit, auf unserer Seite war der Schweiß – und auf seiner der Sieg. Aber das Kabarett hatte seine Krise überwunden, und das war entscheidend.

Meine Mutter, Mizzi und ich gingen daran, die Kostüme anzufertigen. Die größten Schwierigkeiten machte uns das Kostüm der »Presse«. Willi hatte angeordnet, daß es ganz aus Zeitungspapier gefertigt sein müsse. Es sah sehr gut aus, aber es hielt meinen dramatischen Gesten nicht stand – immer wieder sprengte ich es. Für Striptease war ich nicht. So klebten wir die Zeitungen mühevoll auf Stoff. Das war auch nichts; es stand steif um mich herum, – und ich sah aus wie eine Litfaßsäule. Aber schließlich lösten wir das Problem genial: wir klebten Zeitungsfetzen in verschiedener Größe auf ganz weichen Battist und machten aus Zeitungsstreifen eine große, wilde Perücke. Die Wirkung war fulminant, und Kurt fand, das Pressechanson könnte er eigentlich viel besser singen – das Kostüm begeisterte ihn. Diese Perücke! Satanisch...

Aber ich ließ mir mein aggressives Chanson und die Faszination dieses Kostüms nicht nehmen. Ich fühlte mich schon ganz als furiose Weltmacht Presse.

Willi und Kurt malten die Kulissen und machten einen leuchtend roten Vorhang, auf dem Willi drei riesige Karikaturen unserer Köpfe anbrachte, darunter malte er: KABARETT HÜBNER. Der Vorhang war einfach großartig.

Je näher wir der Vollendung zuschritten, desto begeisterter waren wir von unserem Werk. Mizzi mußte bei allen Proben dabeisein, denn sie war so eine Art Hintergrund-Star. Sie mußte alles in einer Person sein: Maskenbildner, Garderobier, Requisiteur, Inspizient und Beleuchter. Sie war für alles verantwortlich – die Aufritte wechselten oft sehr schnell, sie mußte uns bei den raschen Umzügen helfen, die richtigen Requisiten bereithalten, den Vorhang ziehen – wenn sie etwas verwechselte, waren wir verloren. Aber wir wußten: Mizzi irrt sich nie!

Der Tag der Premiere kam heran, und wir überlegten mit den Eltern, wen wir dazu einladen sollten. Es mußte ein ausgesuchtes Fachpublikum sein. Das war in Prag nicht schwer – wer war schon »unkundig«? Den hätten wir längst aus unserem Kreis verstoßen.

Wir setzten die Premiere auf einen Tag fest, an dem Onkel Johannes Brandt in Prag war, luden dazu ferner seine Frau, Tante Rickl von der Wiener Volksoper, dann natürlich Hilde Christen, Professor Kohn vom Stephansgymnasium und die Sängerin Else Brömse-Schünemann. Ein erlesener kleiner Kreis.

Und dann war es so weit. Wir drei waren ziemlich aufgeregt. Es kamen uns Bedenken, ob wir nicht doch lieber ein weniger kritisches Publikum hätten einladen sollen...

Onkel Johannes, der von Berlin kabarettistisch so verwöhnt war, und der literarisch so anspruchsvolle Professor Kohn und die geistreiche Frau Brömse-Schünemann – wenn die es blöd fanden und gar nicht lachten? Hilde Christen würde lachen – da waren wir ganz sicher, selbst wenn Kurt steckenblieb. Sie gehörte zur Familie, sie liebte uns mit unseren Fehlern – aber die anderen? Kabarett Hübner, schwebtest du über dem Abgrund eines blamablen Mißerfolges? Wir hatten uns auf unsere Bühne zurückgezogen. Es war der kleine Salon, der zum großen Eßzimmer hin, dem Zuschauerraum, nur durch den Vorhang getrennt war. Wir konnten die Gespräche des Publikums genau hören und orten, wer wo saß.

Ganz leise trafen wir unsere Vorbereitungen, Mizzi half uns beim Anziehen, und Kurt und ich stritten uns um den Platz an dem kleinen Spiegel.

»Dauernd glotzt du in den Spiegel – laß mich endlich!«

»Wieso – ich komme doch als erste dran, du eitler Geck!«

»Streitet euch nicht, paßt lieber auf! Meine Linsen – bringt mir die ja nicht durcheinander!«

Mizzi hatte ihren Scheinwerfer und die einzelnen farbigen Vorsatzlinsen schon genau nach Vorschrift auf einem kleinen Hocker abgelegt. Auf kleinstem Raum wurde hektisch getuschelt; die Atmosphäre war elektrisch aufgeladen. Endlich war es so weit. Wir klingelten, das war das Zeichen für meinen Vater, das Licht im Zuschauerraum zu verlöschen. Willi spielte am Klavier sein kurzes Vorspiel, begleitet von einem Schlagzeug, das er kunst-

voll mit dem linken Fuß bediente. Er war einfach genial!
Dann zog Mizzi den Vorhang auf. Die erste Nummer
war die persiflierte »Wochenschau«. Mizzi stellte sich auf
eine kleine Leiter, weil sie als Beleuchterin zu klein war,
und das Licht sollte ja von links oben auf uns herab-
fallen; der zweite Scheinwerfer stand rechts auf dem
Klavier.

Es klappte alles ausgezeichnet und das Publikum funk-
tionierte auch sehr gut, lachte an den vorgeplanten Stellen und applaudierte fleißig. Die Stimmung wuchs von
Nummer zu Nummer, und dies befruchtete unsere Dar-
stellungslust – wir waren viel besser als bei den Proben.
In der Pause entwich Mizzi zu den Gästen, denn nun
wurde sie dort bei der Bewirtung benötigt. Wir hörten
die Unterhaltung des Publikums – und sie tat uns überaus wohl: »Das ist fabelhaft! Damit könnten die drei
sofort in Berlin auftreten!« Oder: »Sagen Sie, Herr Doktor – wer hat denn diese Texte gemacht? Die sind doch
sicher von Ihnen?«

Nun – das hörte sich gut an. Mizzi schlüpfte zu uns
»auf die Bühne«, brachte uns eine Stärkung und berichtete uns voll Freude, wie begeistert alle seien von unserem Kabarett. Wir hatten das alles zwar schon selbst
gehört – aber wenn es sich um Lobeshymnen handelt, sind
Künstler unersättlich. Sie animieren zu dem Sprung in
ungeahnte Leistungssteigerung. So war es auch hier; wir
waren groß in Fahrt, und die Knüller kamen ja erst alle
nach der Pause. Es ging weiter und wurde immer besser.
Vor meinem Presse-Chanson hatte Mizzi sehr gezittert,

weil sie da drei verschiedene Beleuchtungseffekte, genau auf das Stichwort, ausführen mußte – sie zitterte, ob sie das richtig machen würde, und wir zitterten, daß sie von der Leiter fiele, was bei einer Probe erfolgt war. Seitdem hielt Kurt sie und die Leiter fest.

Aber es klappte ausgezeichnet, der Applaus war stark, man rief: »Wiederholen!« und ich war damit sehr einverstanden – mein schönes Kostüm! –, aber Mizzi zischte: »Das geht nicht, um Gottes willen, meine Linsen sind nicht sortiert, so schnell schaffe ich das jetzt nicht!«

Und Kurt war mit seinem Solo dran und drängte auf die Bühne – also entsagte ich.

Sehr zitterte ich vor einer Nummer, die ich am Klavier begleiten mußte. Meine Brüder stellten zwei tschechische Hausmeisterinnen dar, die sich in ihrem Jargon über die Weltpolitik unterhielten. Sie sahen in ihrer Verkleidung mit den bunten Kopftüchern und den Besen als Requisiten urkomisch aus, und ich hatte bei den Proben so viel lachen müssen, daß meine Finger oft die falschen Tasten erwischten, was mir saftige Flüche von Willi eintrug. Er hatte aus tschechischen Volksliedern, aus Märschen und Opern ein amüsantes Arrangement geschaffen – aber es hatte pianistische Tücken für mich; so betete ich zu Gott, er möge sich doch vier Minuten für mich Zeit nehmen und mir beistehen. Er tat es.

Dann kam unser Schlußgesang, in den Willi vom Klavier aus einstimmte, und als der Vorhang fiel, war der Applaus gewaltig. Man war begeistert. Mein Vater strahlte; man machte ihm von allen Seiten Komplimente über

»diese hochbegabten« Kinder, und wir waren doch froh, ein fachkundiges und kritisches Publikum eingeladen zu haben – so wog der Erfolg doppelt.

Vater überlegte bereits, wen er zu den nächsten Vorstellungen einladen sollte.

Wir Künstler mußten im Salon erst alles wegräumen, die Kostüme zusammenlegen, die Kulissen – Mizzi organisierte das großartig und übersah, daß Kurt verschwunden war. Aufräumen war keine Beschäftigung für ihn – er ging lieber zu den Gästen, um ihre Lobeshymnen entgegen zu nehmen. Willi und ich platzten vor Wut: »Typisch Kurt, er kassiert die Lorbeeren, und wir haben die doppelte Arbeit!«

»Schimpft nicht immer auf ihn! Er ist doch der Kleinste. Und er ist heute nicht einmal steckengeblieben – da braucht er nicht zu helfen.«

Diese Logik überzeugte uns keineswegs, und es beruhigte mich sehr zu wissen, daß Willi ihn schon bei passender Gelegenheit verprügeln würde. Ausgleichende Gerechtigkeit.

Dieses Kabarett wurde noch oft aufgeführt, und als alle unsere Bekannten es gesehen hatten, schrieben wir ein neues, wieder hinter verschlossener Türe, wieder mit Streit und Lärm. Aber nun waren wir arriviert, und keiner aus der Familie wagte uns zu stören. Man klopfte höchstens an, um uns Kekse und Himbeersaft zur Stärkung zu bringen und um ein kleines bißchen zu kontrollieren, ob alle Künstler noch gesund und unbeschädigt waren...

Ein besonderes Interesse an unseren Kabarett-Aufführungen hatte auch Frau Absolonová. Denn unser Publikum spendete ihr beim Weggehen reichliche »Sperrsechser«, als müßten sie sich für den Genuß irgendwie revanchieren. Frau Absolonová knüpfte dann mit dem »Publikum« ein Gespräch an: »No, wie war es heit? Sind das Kindr – was? Sähr gescheit im Kopf – so, was man sagt, intellektual! Und alles machen sälbst! Kostihm, Kulissy, Musik, alles sälbst – no, freit mich, wann hat Ihne gefalln... Danke scheen, kommens gut nach Haus!«

Der Maler August Brömse

Die meisten Prager Kaffeehäuser waren sehr gemütlich und voll Atmosphäre. Ihre Nischen, ihre Beleuchtung, der Duft guten Kaffees und köstlicher Torten, und die Ober, die ihre Gäste mit mütterlicher Aufmerksamkeit umsorgten, genau wußten, welcher Stammgast welche Zeitung lesen, und wie er seinen Kaffee zubereitet haben wollte – es gab viele Menschen, die sich in diesen Kaffeehäusern wohler fühlten als zu Hause.
Die einsamen Witwen flohen aus ihrer kümmerlichen Existenz hierher zu ihren Damenkränzchen, die Witwer zu ihrer Schachpartie oder zu ausgedehnter Zeitungslektüre, die Studenten flohen aus ihren ungemütlichen »Buden« an diesen Ort der anonymen und doch so persönlichen Geborgenheit. Es war ein Zuhause ohne Verpflichtungen.

Besonders beliebt war das »Café Continental«, von den Pragern liebevoll »Conti« genannt. In einer Ecke stand der große Künstlertisch – akustisch aber war er der Mittelpunkt, wie das große Orchester, dessen Klänge ein ganzes Opernhaus füllen. Dort trafen sich Künstler aus allen Gebieten: Schauspieler, Sänger, ihre journalistischen Kritiker, Dichter und Maler. Sie alle sprühten vor Temperament und Freude an der Diskussion, ihr geistiger Wettstreit war ihnen Bestätigung und Anregung zugleich. Es war ein vollbesetztes Orchester, und sie spielten fortissimo. Einer suchte den anderen zu überschreien, sie sprangen im Gespräch auf, unterstrichen ihre Worte mit großen Gesten – nur taube alte Damen konnten es in der näheren Umgebung dieses dynamischen Tisches aushalten. Man hatte den Eindruck, als stünden sich hier lauter feindliche Gegner im Kampf gegenüber, man witterte Beleidigungsklagen und Duelle im Morgengrauen.

Davon war keine Rede. Sie warfen nicht mit Messern, nur mit geschliffenen Argumenten, niemand wollte beleidigen, nur überzeugen, und sie schrien nicht aus Zorn, sondern nur aus Begeisterung und Engagement für ihre Meinung.

In einiger Entfernung von diesem Künstlertisch saß oft – und immer allein, vom wissenden Oberkellner sorgsam abgeschirmt – ein mittelgroßer, schlanker Mann mit rötlichblondem Haar und einem kleinen Bart. Er hatte nichts von der gelösten Kaffeehauslässigkeit an sich und saß an seinem Tisch wie auf einer Insel – vom Lärm um-

spült, aber nicht in ihn einbezogen. Sein Gesichtsaus-
druck war ernst und von gespannter Konzentration. Er
hatte tiefliegende Augen, schwermütig, sensibel, als
wären sie der Umwelt entfremdet durch Visionen. Seine
Blicke schienen mitten durch diese Atmosphäre heiterer
Gemütlichkeit in ferne, düstere Räume zu tasten.

Dieser Mann war der Maler August Brömse. Er war
Professor an der Kunstakademie in Prag und genoß bei
seinen Schülern und dem Fachpublikum großes Ansehen.

August Brömse beobachtete die Künstlerrunde fasziniert,
ohne jedoch ihre Gespräche wahrzunehmen; sein Gehör
war völlig unbeteiligt.

Vor ihm lag ein großer Zeichenblock, auf den er alles
übertrug, was seine Augen auffingen. Nie waren diese
Zeichnungen ein Abbild des Geschauten. Durch den Fil-
ter seiner Phantasie schien sich alles umzuwandeln. Es
war, als sähe er durch die lebenssprühende Gruppe von
Menschen hindurch die Vision ihres Zerfalles, ihrer Auf-
lösung. Alles Lebendige stand für ihn in der Region des
Todes, den er als Freund empfand.

Die Künstler im Conti kannten Brömse; sie wußten, daß
er nicht an ihren Tisch kommen würde – er wollte ungestört bleiben.

Manchmal frotzelte einer ihn im Vorbeigehen: »Na –
machen Sie wieder appetitliche Leichen aus uns?«

In all den Jahren ging mein Vater, wenn es regnete, mit
uns ins Museum oder in eine Galerie. Wir fanden das
anstrengend und langweilig. Regenwetter ist ohnehin

schon eine Strafe, aber dann auch noch Bildung – das
war zu viel!

In den Galerien gab Vater uns kunsthistorische Belehrun-
gen. Welches Jahrhundert, welcher Stil, welche Schlacht
bei was-weiß-ich darstellend, welche biblische Szene –
»Wer von euch weiß das noch?« Man stand vor irgend-
welchen berühmten Schinken und mußte sie bewundern:
diese Meisterschaft, dieser Faltenwurf, diese Putten –
puttputtputt, mein Hühnchen, nein, nicht albern sein!
Oh, es war für mein Kinderhirn eine Strapaze. Ich beneidete die Dorfkinder in aller Welt; sie mußten nicht
bei Regen in eine Galerie gehen und Kunst schlucken.

Aber seltsam: trotz dieses inneren Protestes ist im Laufe
der Jahre eine starke Beziehung zur Malerei in uns gewachsen, ohne daß es uns bewußt wurde. Und schließlich
kam die Zeit, da wir aus eigenem Bedürfnis Galerien
und Ausstellungen besuchten. Auch ohne Regen. Und
vor allem ohne Vaters Bemühungen, uns zu bilden.

Im Gegenteil: seine Rembrandt – Dürer – Tizian kannten wir zur Genüge – nun wollten wir neue Maler für
uns entdecken. Moderne...

Vater hatte uns schon einmal in eine avantgardistische
Ausstellung geführt – voll Spott: »Schauts euch nur den
Blödsinn an, den die machen; das nennen sie moderne
Kunst!«

Es war wirklich scheußlich und lächerlich: aufgeklebte
Zahnpastatuben, bunt bekleckste Blechabfälle – Schmon-
zes.

Nein, es mußte schon etwas »für die Seele« sein. In der

Musik hatten wir Hindemith für uns entdeckt, Schönberg und Alban Berg. In der Literatur lebte ich innig mit Rilke und konnte viele seiner Gedichte auswendig, ich liebte Stefan George und empfand ihn mir tief verwandt – nun fehlte mir noch solch eine persönliche Beziehung zur Malerei.

Ich ging oft in die »Moderne Galerie« im Baumgarten. Besonders liebte ich den großen Saal mit den Plastiken von Rodin und die Säle mit den Impressionisten. Und eines Tages kam ich in den kleinen Raum mit den Bildern von August Brömse. Ahnungslos, mitten aus meinem heiteren Kunsthimmel, stand ich hier in einer ganz neuen, bedrängenden Welt.

Diese Farben – fahle, grüngelbliche, erdige Töne, verwittert und krank, wie abgestorben. Dann wieder leuchtete ein Rot auf wie eine Fanfare.

Ich wußte von Brömse nur, daß er zu den Expressionisten gehörte, von Arnold Böcklin und Edvard Munch beeinflußt sei, und daß Hegenbarth sein Schüler war. Aber was kümmerte mich das jetzt in diesem Augenblick! Alles vorbereitete Wissen erlosch vor dem unerwarteten Erlebnis dieser Stunde.

Meist waren es biblische Szenen, ineinanderfließende Gestalten, verhängnisvoll verkettet in einem gemeinsamen Aufschrei: »Dies irae, dies illa!« Ich hörte Verdi, Chöre, das Requiem, ich hörte Bach, Fugen, Orgelmusik, vernahm Gedichte von Rilke – das Altgewohnte und Vertraute verschmolz ineinander, und Neues drängte sich hinein, aber ich konnte es nicht einordnen...

163

Ich sträubte mich dagegen. Ich war so schrecklich gesund in jeder Beziehung – und hier war eine Welt, der ich nicht gewachsen war. Sie forderte mich heraus und schien mich zu erdrücken. Diese Bilder schnitten meine innere Ordnung quer durch.

Da war das Gemälde von Richard III. Groß und hager, schwarzes Gewand, stand er in verquälter Körperhaltung auf einem schreiend roten Teppich. Sein grünliches Gesicht war von abstoßender Perversität, krank, gepeinigt. Hinter seinen verkniffenen Augen schien Böses zu lauern, brütend und voll Gefahr. Schmale Lippen, blutlos und grausam. Nur Schreckliches konnte von ihnen kommen, Befehle voll Tod und Verhängnis. Dieser König war Peiniger und Gepeinigter zugleich, voll Rachedurst nach außen aus der Qual von innen.

Dieses Bild war symbolisch für Macht und Tyrannei: der Herrscher auf dem roten Teppich, diesem Teppich, der beides war – Purpur und Blut, Zeichen des Gekrönten und Aufschrei des Volkes.

Es war wie ein Alptraum – ich fühlte, dieses Bild würde mich verfolgen, vor allen Bildern, die ich von nun an in dieser Galerie besuchte, würde es auf mich warten, unerbittlich, lauernd...

Die Bilder von August Brömse hatten einen neuen Farbton in mein Gemüt gedrängt. Sie hatten die Schichten der sorglosen Fröhlichkeit abgedeckt. Wie konnte ein Maler in dieser vitalen Stadt solche Bilder malen?

Ich mußte an Oskar Kokoschka denken, an sein Bild

von Prag. Diese leuchtenden Farben, überströmend in sinnlicher Lebensfreude. Ja, das war mein Prag! Mein Prag? Gab es das? Das schmale Gleis der eigenen Sicht für eine so lebensvolle Stadt?

Ich sah ein, daß diese Begrenzung kindisch war. Jeder Künstler sah Prag aus den Regionen seiner Phantasie, seiner inneren Welt. Und gerade die Vielfalt ihrer geistigen Schattierungen machte diese Stadt so faszinierend. Die meisten Prager wußten das schon lange – sie waren klüger als ich.

Ich hatte es erst durch die Bilder von August Brömse begriffen.

Großvater ist auferstanden

Meine ungeliebte Großmama Hübner war für uns so uninteressant, daß wir uns nie danach erkundigten, wann und woran ihr Mann gestorben war. Wir wußten nur, es gab ihn nicht mehr. Wir hatten keine kriminalistische Ader, sonst hätte es uns längst verdächtig sein müssen, daß niemand von ihm in treuer Erinnerung sprach, kein Bild von ihm herumstand und auch von seinem Grab keine Rede war. Bei Großvater Ganghofner war das ganz anders, er war in Bildern und Erzählungen täglich gegenwärtig, sein Sarg stand im Mittelpunkt der Familiengruft – irgendwo hinkte unsere Familiengeschichte. Es fehlte ein Großvater. Uns war das niemals aufgefallen. Wir waren so beschäftigt mit uns selbst, mit Musik, Theater, Gesellschaften und Freunden, mit den sehr lebendigen Mitgliedern unserer Familie – niemand vermißte einen toten Großvater. Er existierte nicht, aus, basta.

Wir waren ziemlich beklommen, als meine Mutter uns eines Tages sagte: »Kommt zu mir in den Salon. Ich muß etwas mit euch besprechen.«

»Wir alle drei?« Mein Gott, was hatten wir bloß angestellt? Daß sie sich einen Sünder zu einer ernsten Unterredung in den Salon holte, wußten wir. Manchmal auch zwei Streithähne – aber den gesamten Vorrat an Kindern gleichzeitig? Und was für ein ernstes Gesicht sie machte – wir waren irritiert und ahnten ein Unheil.

»Ich muß euch heute etwas sagen, was euch sicher sehr erstaunen wird. Als ihr noch klein wart, sagten wir euch, daß der Großvater Hübner gestorben ist. Aber das ist nicht wahr. Er lebt, er ist nur von seiner Frau...«

»Er lebt? Wir haben einen Großvater?« Wir sprangen auf und schrien durcheinander.

Na, das war ja eine Sensation!

Meine Mutter versuchte uns zu erklären, warum man uns das bisher verheimlicht hatte, sie fürchtete, wir könnten den Eltern Vorwürfe machen, daß man uns belogen hatte – aber wir hörten ihr gar nicht mehr zu, denn wir fanden es höchst originell, daß uns plötzlich ein Großvater geboren wurde, und führten gleich einen Freudentanz um meine Mutter auf: »Wir haben einen Großvater, wir haben einen Großvater!«

Eine tolle Neuigkeit – Großvater Hübner entsteigt dem Grabe!

»Wann können wir ihn sehen?«

»Nun setzt euch doch wieder hin und hört mir ruhig zu. Großvater Hübner lebt seit Jahren von seiner Frau getrennt...«

»Kann ich gut verstehen. Ein kluger Mann!« warf Kurt ein.

»Willst du nun endlich zuhören! Er ist alt und kränklich und zieht nächsten Monat zu Onkel Franz nach Grottau. Nun war es sein Wunsch, euch vorher kennenzulernen, weil er fürchtet, daß er nicht mehr lange leben wird.«

»Wieso? Wir haben ihn doch gerade erst bekommen, und jetzt will er schon wieder sterben?« fragte Kurt.

»Was sind denn das für Reden! Er will nicht sterben, er will euch sehen. Ich werde mit Vater besprechen, wann ihr zu Großvater gehen könnt.«

»Was sagt denn Vater dazu, daß sein Vater noch lebt?« fragte ich neugierig.

»Mein Gott, das wußte er doch.«

Ach ja richtig, das wußte er. Aber wenn er das wußte – warum hatte er ihn nie besucht? Ein Vater war in meinen Augen eine hochwichtige Persönlichkeit; etwas stimmte da nicht. Meine Neugier auf den neuen Großvater ließ aber keinen Raum für komplizierte Überlegungen. Ich fühlte nur instinktiv, wir hätten durch meinen Vater auch heute noch nicht erfahren, daß wir einen Großvater haben. Da steckte meine Mutter dahinter.

Sie hatte in ihrer Güte immer darunter gelitten, daß der

alte Mann so völlig ausgeschaltet wurde, und sie hatte auch nie verstanden, warum es geschah. Als sie von seinem Umzug zu seinem jüngeren Sohn erfuhr, schrieb sie ihm hinter dem Rücken meines Vaters, ob er nicht seine Enkel kennenlernen wolle.

Welch einen Mut dieser Brief erforderte, kann nur ermessen, wer die despotische Autorität meines Vaters kannte. Es war typisch für meine Mutter, die so verzagt und passiv wirkte, daß sie so entschlossen handeln konnte, wenn es darauf ankam.

Wir ahnten nichts von alledem, wir waren ahnungslose Kälber, von Einfühlungsvermögen in familiäre Probleme war bei uns keine Spur – auch dann nicht, als wir hörten, daß Vater uns nicht zum Großvater Hübner begleiten wollte.

»Was soll ich denn bei dem? Geh du lieber mit den Kindern hin – das ist besser. Du hast das ja angefangen!«

Aha – klar. Aber meine Mutter blieb fest: »Nein, das hätte keinen Sinn. Geschrieben habe ich, aber hingehen mußt du nun. Glaub es mir, es muß sein«, fügte sie sanft hinzu.

So kam schließlich der spannungsvoll erwartete Tag: mein Vater brach mit uns zu dem wiedererstandenen Großvater auf. Wir drei waren voll Albernheit und merkten nicht, wie verändert mein Vater war. Ihm war die ganze Sache maßlos peinlich, teils aus schlechtem Gewissen, teils, weil er seinen Vater zutiefst ablehnte. Dieser hatte sich von seiner Mutter getrennt – aus verständlichen Gründen, gewiß – aber so etwas tut man eben nicht! Man verläßt nicht seine Frau und seine vier Kinder. Die Familie hatte über allem zu stehen; wer sie verließ, hatte weder Pflichtgefühl noch Verantwortungsbewußtsein.

Wir drei waren so aufgeregt, daß wir Vaters Stimmung gar nicht beachteten. Ich sang voll Albernheit:

»Oh, du lieber Großpapa, Großpapa, Großpapa –
oh, du lieber Großpapa – Enkel sind da!«

»Laß doch diese blöde Singerei! Ich möchte wissen, warum ihr so albern seid. Für euch scheint das Ganze nur ein Jux zu sein«, murrte mein Vater. Was hatte er nur? Sonst sah er doch immer alles von der komischen Seite an – und war das etwa nicht komisch, ein urplötzlich auftauchender Großvater?

Der neue Großvater wohnte in einem alten, düsteren Haus. Es roch muffig nach billigen Kohlsuppen. Eine ausgetretene, schmuddelige Holztreppe führte nach oben. Unwillkürlich verglich ich dieses armselige Stiegenhaus mit unserem in der Skretagasse, einem Haus mit breiter Steinstiege und reich verziertem Geländer; ich roch die Seifenlauge, mit der dies alles von Frau Absolonová liebevoll gepflegt wurde, hörte die Lieder, die sie immer dabei sang, und dachte an die köstlichen Bratendüfte aus allen Wohnungen – welch ein Unterschied! Zwei Welten.

Und dann standen wir vor einer dunklen Holztüre, auf der ein fremder Name stand, darunter eine vergilbte kleine Visitenkarte: RUDOLF HÜBNER.

Er hatte nicht einmal eine eigene Wohnung. Unser Großvater war ein Untermieter. Wir waren still geworden.
Mein Vater räusperte sich nervös und klingelte. Nach
einer Weile hörten wir die schlurfenden Schritte eines
alten Menschen. Eine zittrige Stimme fragte: »Wer ist
da?«
Unsere Albernheit war verflogen. War das unser Großvater? Stieg er jetzt für uns aus dem Grabe?
»Vater, ich bin es, der Rolf, mit deinen Enkelkindern...«
Man hörte ein Hüsteln, die vorgelegte Türkette wurde
umständlich zurückgezogen und der Schlüssel zweimal
herumgedreht. Wir hielten den Atem an. Unser Großvater – da, hinter der schmalen, armseligen Türe, ein
fremder, alter, hüstelnder Mann... unser Großvater.
Langsam öffnete sich die Türe, und er stand vor uns.
Mittelgroß, ein wenig gebeugt, wie in sich zusammenge-
sunken, ein müdes Gesicht ohne Lachen, gütige, traurige
Augen, die uns nun etwas hilflos und verlegen ansahen.
Nach jahrelanger Einsamkeit sah er nun seine drei Enkel
vor sich, Enkel, denen man erzählt hatte, daß er längst
gestorben war. Fremde...
Niemand wußte etwas zu sagen, auch mein Vater, der
immer gewandte, redefreudige Mann, baute dem Großvater keine Brücke aus dieser Benommenheit. Ich dachte
an meine Mutter – sie hätte in ihrer warmherzigen Art
die richtigen Worte gefunden und die Bande geflochten.
Mein Großvater fühlte, er mußte etwas zu uns sagen.
In seiner Ratlosigkeit flüchtete er sich zu Goethe, den er

unentwegt zitierte – das war sein Tick. Er war wie Goethes wandelnde Werke:

»Gegrüßet seid ihr, werte Herrn,
gegrüßt die edle Dame!«

Wir überreichten ihm die Flasche Rotwein, die meine Mutter uns für ihn mitgegeben hatte, wobei wir alberten: »Wie Rotkäppchen!«
Er nahm die Flasche in die Hand und sagte:
»Ich grüße dich, du einzige Phiole!«
Wir fanden diesen Goethe-Großvater sehr sympathisch, Leute mit einem Tick gefielen uns immer sofort.
An der ärmlichen Garderobe hingen sein Mantel und sein Zylinder. Diesen Friedhofshut trug er ständig, als ginge er täglich zu seinem eigenen Begräbnis. Wie ich erst später erfuhr, war er dadurch zu einer stadtbekannten Figur geworden – sein Zylinder und seine Goethezitate machten ihn zu einem Prager Original. Auch das verübelte ihm mein Vater: ein Hübner hatte durch Leistung aufzufallen, nicht durch Skurrilität!
Nun führte uns der Großvater durch einen schmalen, dunklen Flur in sein Zimmer. Es war nicht groß und sehr altmodisch und einfach möbliert.
»Kommt nur herein in mein kleines Reich. Ich lebe bescheiden, aber, wie Goethe sagt: In der Beschränkung zeigt sich erst der Meister.«
Nach Meister sah hier nichts aus. In einer Ecke stand ein großes Bett: »Hier schlafe ich. Über allen Gipfeln ist Ruh…«

Am Fenster, das in einen Hinterhof hinausging, stand ein altersschwacher Ohrensessel: »Hier sitze ich, wenn ich lese... Es irrt der Mensch, solang er strebt.«

In der Mitte des Zimmers stand ein kleiner Tisch mit drei Stühlen. Er bot sie uns an, mein Vater setzte sich in den Ohrensessel, Großvater auf das Bett.

»Viel Platz ist halt bei mir nicht. Auf Besuche bin ich nicht eingerichtet – aber, Raum ist in der kleinsten Hütte für ein glücklich liebend Paar, heißt es bei Schiller.«

Aha, diesmal also Schiller. Da saßen wir nun in diesem ungemütlichen Raum, fünf Blutsverwandte – und niemand wußte etwas zu sagen. Peinliches, frostiges Schweigen. Oh, warum war meine Mutter nicht da! »Ein glücklich liebend Paar«. Nun, Glück und Liebe – das fehlte hier gänzlich.

Großvater sah uns erwartungsvoll an. Und wir sahen unseren Vater an – warum sagte er nichts? Starr und verschlossen saß er da und klopfte nervös mit den Fingerspitzen auf die Armlehne des Ohrensessels. Von ihm ging eisige Ablehnung aus, die alles rundum erstarren ließ.

»....Und es gewöhnt sich nicht mein Geist hierher«, sagte mein Großvater leise.

Was sollte denn das nun wieder? Was wollte er mit seiner »Iphigenie« sagen? Meinte er sein eigenes Schicksal, meinte er meinen Vater – oder uns? Was hatte er überhaupt für einen Geist? Nur Herrn Goethe?

Auch mir fiel plötzlich Goethe ein: »Tiefe Stille herrscht im Wasser...« Schrecklich war diese Stille, und in kaltem Wasser kam ich mir auch vor. Mein Gott, jemand mußte jetzt etwas sagen – aber was? Wie geht es dir? Scheußlich hast du es hier. Wir freuen uns, dich kennengelernt zu haben. Freuten wir uns denn? Hatten wir ihn kennengelernt – diesen fremden Goethe-Automaten?

Ich dachte an meine Mutter und gab mir einen Stoß: »Großvater, weißt du eigentlich, daß ich Sängerin werden will?«

»Sängerin? Oh – das ist ein schöner Beruf. Wo man singt, da laß dich ruhig nieder, böse Menschen haben keine Lieder. – Meine Frau hat nie gesungen, war auch besser, unmusikalisch, wie sie ist, und mit ihrer gräßlichen, keifenden Stimme. So, so, du willst Sängerin werden. Singe, wie der Vogel singt, der in den Zweigen wohnet, ein Lied, das aus der Kehle dringt, ist Lohn, der reichlich lohnet.«

Mein Gott, der Alte hatte einen Vogel! Jetzt redete ich schon endlich etwas, und er kam aus seinen Versen nicht heraus. Nein, nun sagte ich nichts mehr. Sollten doch die andern... Willi mühte sich mit einigen Sätzen, steif und unbeholfen auch er, und dann erzählte Kurt etwas aus der Schule, aber es war alles unpersönlich und kühl. Nichts von der albernen Fröhlichkeit und dem warmherzigen Interesse, das sonst in unserem Familienkreis üblich war – alles klang dürr und verschimmelt, und alle unsere Sätze brachen sich an diesem starren Goethe-Tempel! Hatte denn dieser Mann nur noch fremde Verse im Kopf? Man sprach immer gegen gedruckte Zeilen an

– so konnte ja keine menschliche Atmosphäre entstehen.
So waren wir recht erlöst, als Vater nach einer Stunde
sagte: »Nun wollen wir wieder nach Hause gehen.«
»Willst du immer weiter schweifen, sieh, das Gute liegt
so nah.« Großvater war sichtlich enttäuscht. Aber wo
lag bloß bei ihm das Gute? – A propos Gutes: warum
hatte er uns überhaupt nichts angeboten? Steigt aus dem
Grabe und bietet seinen neuen Enkelkindern nichts an!
Goethe, Goethe, nichts als Goethe! Mein Vater erhob
sich. Er hatte den Wunsch meiner Mutter erfüllt – nun
reichte es! Auch wir drei hatten kein Verlangen, noch
länger zu bleiben. Der alte Mann tat uns zwar irgendwie leid, aber die ganze Situation war uns doch fatal.
Für junge Menschen ist Mitleid eine zu schmale Brücke.
Und in unserem Egoismus waren wir verstimmt, daß
unsere Erwartungen sich nicht erfüllt hatten. Die Sensation war ausgeblieben, wir wollten die neue Familien-
figur vergnügt und voll fröhlichem Übermut in unseren
innersten Kreis aufnehmen – den Großvater, den so
unerwartet auferstandenen! Ein lustiges, originelles Erlebnis sollte dieser Besuch werden...
Als wir uns von ihm verabschiedeten, blieb Großvater
auf seinem Bett sitzen, eine kleine, traurige Gestalt.
Auch er um seine Erwartungen betrogen. Drei Enkel
waren ihm geschenkt worden, und er fühlte, er hatte
keinen Weg zu ihnen gefunden. Er würde einsam bleiben.
Mit einem langen Blick sah er uns an, als umfinge er
nochmals unsere Gestalten. Dann ließ er den Kopf sin-

ken; er fühlte wohl den Mißerfolg dieser Begegnung und sagte, jedes Wort wie ein lastendes Gewicht wägend: »Was du ererbt von deinen Vätern hast – erwirb es, um es zu besitzen... Da habt ihr ihn nun also gesehen, euren Großvater. Ihr seid noch jung; ich hoffe, daß euer Leben schöner wird als meins. Wer sich der Einsamkeit ergibt, ach, der ist bald allein. Aber Gott hat jedem seine Bahn vorgezeichnet.«

»Auf Wiedersehen, Großvater!« Nur hier heraus, war ja schrecklich, dieser sentimentale Mann, der nur verstaubt Gedrucktes zu reden wußte... Wir hatten nichts begriffen.

Schweigend gingen wir die schmale Holzstiege wieder hinunter. Der Großvater sah uns nach, und als wir unten auf der kleinen Straße gelandet waren und uns noch einmal umschauten, sahen wir ihn an einem Fenster des Stiegenhauses stehen und uns zuwinken. Mit einer Geste rührender Hilflosigkeit, als wolle er uns seine Zuneigung beweisen, die er uns so gar nicht hatte zeigen können. Wir begriffen auch das nicht. Die Begegnung war ins Leere gelaufen, an uns vorbei und über ihn hinweg. Auf dem Heimweg schwiegen wir, verwirrt und bedrückt. Edel sei der Mensch, hilfreich und gut – nein, lieber Goethe, davon war hier keine Rede gewesen. Wir hatten versagt.

Viele Bettler und ein Einbrecher

In Prag gab es viele Bettler. Einige von ihnen hatten ihren Standplatz auf den Straßen oder in den Parkanlagen; andere gingen in die Häuser und Hinterhöfe. Die Straßenbettler untermalten ihre Leiden oft mit Musik, sangen oder geigten mit eindringlichem Seelenschmalz. So etwas lockt Münzen heraus. Im Tschelakowskipark unserm Haus gegenüber hatten vier »Musikalische« ihren Stammplatz. Das waren ein Blinder mit seiner Geige, ein Beinamputierter mit einer singenden Säge, ein Einarmiger mit seinem Leierkasten und, als Star unter ihnen, eine geigende Russin.

Diese Russin war für uns Kinder die größte Attraktion. Die Frau war offensichtlich geistig verwirrt und trug eine lebhafte, sehr variable Mimik zur Schau. Das immer Neue, Unvorhergesehene, das sie ihrem Publikum bot, fesselte uns ungemein.

Sie war eine zarte Person mit feinen Händen und einem ausdrucksvollen Gesicht, dem man das Maß an Erlittenem deutlich ansah. Ihr Blick war meist wie gebrochen und ging in eine leere Ferne; dann aber schien dort jemand für sie aufzutauchen, und ihre Augen bekamen unvermittelt ein sprühendes Leuchten.

Ihr üppiges, graublondes Haar war immer von einem zerbeulten schwarzen Hut bedeckt, den sie auch beim

176

Schlafen aufzubehalten schien – wenigstens ließ seine Form das vermuten. Ihre Kleider waren ebenfalls schwarz, ziemlich abgerissen und schmuddelig; es sah aus, als trage sie ständig Trauer über sich selbst. Wenn sie geigte – was sie virtuos beherrschte – lächelte sie mit geschlossenen Augen in sich hinein, in eine vergangene Welt des Glücks. Der Klang schien sie aus sich hinauszuheben, und sie folgte ihm in verklärter Hingabe.

Oft aber brach sie mitten im Spiel ab und hielt an einen nicht vorhandenen Kreis ihr vertrauter Menschen eine Ansprache – auf Russisch. Wurde ihr aber unvermittelt bewußt, daß man sie dabei neugierig anstarrte, fing sie wütend an zu schimpfen. Dann griff sie plötzlich wieder zur Geige, spielte, schimpfte, spielte wieder – mit entsetzlich falschen Tönen, als hätte sie vorher nie eine Geige in der Hand gehabt. Ebenso spontan konnte das wütende Gekratze wieder in sanfte, sentimentale Weisen übergehen – dann sang sie auch.

Wir verstanden den Text nicht, aber es klang herzzerbrechend und trug ihr die meisten Spenden ein. Das tschechische Publikum war ohnehin nur auf Tränenklänge eingestellt, denn ohne Rührung kein Griff zum Geldbeutel.

Einmal sah ich, daß ein neuer Bettler sich in ihrer Nähe aufstellen wollte. Den brüllte sie an und unterstrich ihr Fauchen mit quietschendem Krächzen ihrer Geige. Der Neuling sah sie entgeistert an, wie sie da vor ihm stand: ein wütender Geier, der sich mit wild schlagenden Flügeln auf sein Opfer stürzt, als gelte es, den einzig ihr noch verbliebenen Platz in dieser Welt zu verteidigen. Hier war ihr Podium, ihre kleine Insel des Glücks und der Trauer; es ging um ihre Existenz. Die Geige schien mit ihrem Körper verwachsen zu sein, sie war ihr Geliebter, ihr Vertrauter und nun auch ihr Verteidiger. Es schien mir, als wäre ihre Seele mit den Saiten auf das Instrument gespannt: diese seltsame Frau würde tot umfallen, wenn ihre Geige zerbräche.

Der Bettler ging kopfschüttelnd seiner Wege.

Ganz anders waren die Bettler, die in die Häuser gingen. Zu ihnen gehörten die »Hofsänger«. Mit dem Kaiser hatte das nichts zu tun, sie sangen in den Hinterhöfen drei oder vier Lieder, warteten den herabrieselnden Geldsegen ab und zogen dann weiter. Sie waren bei unseren Köchinnen sehr beliebt, die alle ihre Lieder kannten und sie aus vollem Hals mitsangen. Bei schönem Wetter, wenn alle Fenster offen standen, gab das einen seltsamen Zusammenklang des Solos aus dem Hof mit dem Chorgesang vom Kochtopf.

In unserer Küchenkredenz stand eine Schale mit Kleingeld für diese Hofkünstler. Man wickelte die Münze in Papier und warf sie hinunter. Wir Kinder stritten uns oft um dieses Vorrecht: »Du hast gestern geworfen, heute bin ich dran!«

Ich wurde dabei immer verdrängt. »Du bist zu blöd – du kannst ja nicht zielen!«

Diese verdammten Brüder! Ja, einmal hatte ich, zum Ärger des Sängers und der teilnehmenden Köchinnen, eine Münze versehentlich auf das Dach einer angrenzenden Gartenlaube geworfen – aber mußten Brüder auf solch einem Fehltritt immer wieder herumtrampeln?

Es gab aber auch Bettler, die an die Türen kamen. Sie waren nicht immer ungefährlich, denn sie gehörten manchmal einer organisierten Bande an. Ihr geheimer Auftrag war, auszukundschaften, wo alleinstehende alte Frauen oder zutrauliche Kinder wohnten und wo reiche Leute. Immer wieder wurde davor gewarnt, ihnen zu öffnen, weil es vorkam, daß sie Alleinstehende überfielen und beraubten. So hatten viele Prager an ihrer Türe einen »Spion«, durch den man den Klingelnden beurteilen konnte, und zusätzlich hing eine sichernde Kette an der Türe, so daß man sie nur einen Spalt breit zu öffnen brauchte und kein Ungebetener eindrang. Mein Vater hatte den Hausangestellten eingeschärft, immer erst durch den Spion zu sehen, wenn es klingelte, und die Kette immer vorgelegt zu lassen. Sicher ist sicher.

Wir hatten einmal eine robuste, kräftige Köchin namens Fanny, die diese Vorsichtsmaßnahmen lächerlich fand. Sie fürchtete sich vor nichts. Wenn es klingelte, ging sie und öffnete. Das wäre einmal fast schief gegangen.

Sie war ganz allein in der Wohnung. Es klingelte, und sie machte die Türe weit auf. Auf diesen Leichtsinn hatte der Bettler nur gewartet: er drängte sich herein und griff nach Fanny. Die aber reagierte blitzschnell. Ihr spitzer Absatz traf ihn mit der vollen Wucht ihrer beträchtlichen Massen gegen das Schienbein. Dann versetzte sie ihm einen Faustschlag, der frisch vom Lande war. Er zog sich aufschreiend zurück – es reichte ihm! –, und Fanny schloß eilig die Türe.

Aber der Bursche war empört. Mit einem Messer stieß er unter wilden Flüchen gegen unsere Wohnungstüre. Das war ziemlich sinnlos – die schwere Eichentüre war innen mit Eisenblech beschlagen, die Hübnerfestung also uneinnehmbar.

Fanny war das zu bunt. Die schöne Türe! Sie holte einen Kübel voll Wasser, öffnete rasch und schüttete die kalte Dusche über den Tobenden. Damit hatte er nicht gerechnet und lief in panischem Schrecken davon. Kein Kämpfer, dieser Ganove.

Als mein Vater die Beschädigung an der Türe sah, mußte Fanny beichten. Er war wütend. Man hatte seine Gebote zu befolgen: »Ich weiß schon, warum ich so etwas anordne!«

Bei uns Kindern aber war Fanny die Heldin des Tages. Großartige Idee, das mit dem Wasser! Nur ein Jammer, daß wir nicht dabeigewesen waren. In der blöden Schule versäumt man das Allerwichtigste.

An der Wohnungstüre meiner Großmutter entdeckten wir öfter seltsame Zeichen: zwei kleine Kreuze, mit grüner Kreide aufgezeichnet, und immer befanden sie sich knapp unter dem Briefkasten. Ein normaler Erwachsener hätte sie übersehen, aber Großmutter war so klein, daß sie sie immer gleich entdeckte. Sie wischte sie sorgsam ab; bald darauf aber erschienen sie wieder. Es war klar, daß sie von Bettlern als Hinweis angebracht worden waren. Wir überlegten, was sie bedeuten könnten: »Zu schade, daß wir keinen Gangster kennen«, meinte Kurt seufzend.

»Dazu brauch ich keinen Gangster, das heißt ganz sicher: hier wohnt eine alleinstehende alte Frau ohne Hund.« Mein Vater wußte alles.

»Hund? Du, Rolf, da bringst du mich auf eine Idee!« rief Großmutter.

Sie war ein großartiger Hunde-Imitator, und ihr Hundespiel erfreute sich bei uns besonderer Beliebtheit. Sie konnte alles: Bellen, Knurren, Jaulen – nichts Hündisches fehlte in ihrem Repertoire.

Von diesem Tage an bellte sie wütend, wenn ein Bettler an ihrer Türe klingelte. Dann beruhigte sie das zähnefletschende Ungeheuer: »Ja – ist ja gut, Hasso, sei nur ruhig«, worauf Hasso wieder unheildrohend knurrte, bellte, knurrte – ich fand es sehr komisch und freute mich immer, wenn ich in ihrer Wohnung war und ein Bettler bei ihr auftauchte. Der Erfolg war frappierend: keine grünen Kreuze mehr. Hasso hatte gesiegt.

Unser Haus war für kriminelle Gestalten vorzüglich geeignet. Jedes Stockwerk hatte geräumige Nischen, in denen sich die Wohnungstüren befanden. Bei trübem Wetter war es dort sehr dunkel, man konnte sich also gut verstecken und wurde von der Stiege aus nicht bemerkt. So konnten die Bettler, ohne gesehen zu werden, genau registrieren, wer in dem Hause wohnte, auf welches vertraute Klingelzeichen einem sofort geöffnet wurde, und wo es bellte. Neben diesen Verstecken gab es noch den überaus günstigen Fluchtweg in die Kellerräume, die weitläufig und unübersichtlich waren. Immer wieder kam es vor, daß die mutige Frau Absolonová dort jemanden aufstöberte, der die große, warme Waschküche als billiges Nachtquartier benutzen wollte. Oft aber waren es auch wirklich Kriminelle. Ihnen galt in steigendem Maße der fanatische Zorn unserer Hausmeisterin. Wehe dem armen Teufel, den sie dort erwischte: er mußte um sein Leben laufen. Frau Absolonová war immer mit einem kurzen, dicken Stock bewaffnet. Jeden Abend, bevor sie das Haustor abschloß, kontrollierte sie mit dieser Waffe die Kellerräume. Wir bewunderten das sehr; wir hatten da wirklich einen erstklassigen Hausdrachen, der uns wohl behütete.

An einem Winterabend gegen sechs Uhr stürmte ein aufgeregter Polizist in unser Haus. Er hatte einen Einbrecher verfolgt und gab an, Passanten hätten ihm zugerufen, daß der Kerl in unser Haus gelaufen wäre.

Das war etwas für Frau Absolonová! Sie holte sofort ihren Stock. Ihr Mann fragte den Polizisten zitternd, ob er denn sicher sei, daß dieser Kerl ausgerechnet in unserem Haus sei? Mußte er nun womöglich seiner Frau beim Suchen helfen? Aber sie rief: »Du bleibst hier, Waschlappen!« und eilte mit dem Polizisten und ihrer Waffe voller Kampfeslust in den Keller. Nur dort konnte der Bursche sich verborgen haben. Das Haustor hatte sie vorsorglich abgeschlossen; so war ihm der Fluchtweg ins Freie abgeschnitten.

Im Keller durchsuchte sie, lauernd wie ein Tiger, jeden Winkel, immer sprungbereit zum Angriff. Es war stockdunkel, die verschmutzten Lämpchen an der Decke gaben nur ein spärliches Licht. Aber die Augen der Frau Absolonová waren katzenhaft geweitet: diesen Mistkerl mußte sie finden. Wäre ja noch schöner – ein Feind in ihrem Haus!

Aber sie entdeckten niemanden. Der Polizist wollte aufgeben. »Von tady není (Er ist nicht hier)!«

»Der ist hier!« schrie Frau Absolonová auf tschechisch dem Polizisten zu.

Womöglich hatte der Angst – Polizisten sind ja auch nur Männer! Nein, da kannte er sie schlecht. Frau Absolonová witterte ihr Opfer. Sie gab nicht auf und ging noch einmal in die Waschküche. Dort standen die großen Waschzuber ringsum an die Wände gelehnt, damit sie besser austrocknen konnten. Es waren lange Holzwannen; ich fand immer, sie sähen aus wie aufgestellte Särge, was das Unheimliche dieses Kellerraumes noch vergrößerte.

Da fiel Frau Absolonová auf, daß eine dieser Wannen nicht an ihrer üblichen Stelle stand. Lautlos und gespannt schlich sie sich an sie heran und hob sie ab – und da stand er! Die Tigerin stürzte sich sofort auf ihr Opfer und schlug mit dem Stock auf ihn ein: »Du Scheißkerl, du mistiger Schweinehund, erschlagen müßte man dich!«

Weiß Gott, sie war auf dem besten Wege, es zu tun. Der Mann duckte sich unter ihren Schlägen, und es gelang ihm, ihr wie ein gejagtes Wild zu entfliehen. Sie hinterdrein wie eine Rakete. An der versperrten Haustüre erwischte sie ihn, und nun ging es von neuem los. Sie

schlug so auf ihn ein, daß der Polizist eingreifen mußte:
»Um Gotteswillen – Sie erschlagen ihn ja! Ich muß ihn
lebendig abliefern! Gewalt ist nicht erlaubt.«

»Wer erlaubt hier was?« schrie sie und schlug weiter,
»Feigling, was heißt: nicht erlaubt! Wer in mein Haus
kommt, den erschlag ich, Verbrechergesindel, alle müßte
man erschlagen, diese Rotzkerle!«

Der Einbrecher flehte den Polizisten an: »Retten Sie
mich vor dieser Furie! Ich geh ja mit, ich mach, was Sie
wollen, aber helfen Sie mir... Bitte!«

Inzwischen war auch Herr Absolon aus dem sicheren
Versteck seiner Wohnung gekommen. Er und der Polizist bemühten sich, den Geschlagenen aus der Gefahrenzone zu bringen. Das war aber nun für Frau Absolonová erst recht eine Herausforderung sondergleichen. Ihr
Mann, dieser Mickerling, dieser Versager, wagte es, sich
gegen sie zu stellen. Mit einem Polizisten!

»Da hast du deine Watschen!« schrie sie wütend und
schlug auf ihren Mann ein.

Diesen Augenblick benützte der Polizist, um sich schüt-
zend vor seinen Delinquenten zu stellen.

»Jetzt ist Schluß mit der Prügelei – das ist *mein* Einbrecher!«

Dieser sah den kleinen Herrn Absolon mitleidsvoll an:
»Sie sind ein armer Mensch. Da geh ich noch lieber ins
Gefängnis, als mit so einer Frau verheiratet zu sein.«

Die Männer waren total erschöpft. Ihre Blicke zeigten
tiefstes gegenseitiges Verständnis. Unter Männern war
man sich einig: das Unglück dieser Welt sind die Weiber.

Seit diesem Tage machten die Diebe von Prag einen weiten Bogen um unser Haus, es nächtigte auch keiner mehr in unseren Kellerräumen. Das Haus war verrufen...

Zerstrittene Räuber

Als meine beiden Brüder ins Stephansgymnasium kamen, begann unser Bekanntenkreis sich um die Vielzahl ihrer neuen Freunde zu erweitern. Um diese Zeit traten meine ersten Verehrer auf. Ich fand das sehr spannend; man entdeckte mich in meiner weiblichen Existenz, und das allzu bekannte brüderliche Vokabular – »blöde Gans, dumme Kuh, Stadtparkente« – wurde durch neue und wesentlich schmeichelhaftere Bezeichnungen ersetzt. Man schrieb mir Liebesbriefe, man dichtete mich an.
Besonders ein Gedicht imponierte mir, weil es sich nicht reimte und sehr poetisch begann:

Dein Antlitz hat die Süße
Verhangenen Mondlichts
Und ist
Wie mit dem zarten Pinsel Gottes
Gemalt auf Seide.
Deine geliebte Stimme
Klingt wie warmes Rauschen
Des Sommerwindes
In der Harfe meiner Seele...

Ich fühlte mich sehr ätherisch und gottespinselig. Mein frecher Bruder Kurt machte dazu gleich ein Gegengedicht:

> Dein dummes Kuhgesicht
> glotzt wie die Sonne,
> und ist
> wie vom Bauern
> gekleckst auf Kartoffeln.
> Deine kreischende Stimme
> krächzt wie ein Rabe,
> und zerreißt mir
> das zarte Gewebe meiner Ohren...

Er war ein unverschämter Bengel, nichts war ihm heilig – am wenigsten Liebesgedichte an seine Schwester. Trotzdem: ich war in der Achtung meiner Brüder gestiegen; ihre hochgeschätzten Mitschüler wetteiferten um meine Gunst, das zählte. Man traf sich in der Tanzstunde, im Theater, bei Gesellschaften, aber das war uns zu passiv.
»Was meint ihr, wollen wir nicht ein Theaterstück aufführen? Wir sind doch so ein großer Kreis – ein richtiges Ensemble!«
Eine großartige Idee. Doch welches Stück sollten wir wählen? Es durfte nur eine einzige Frauenrolle haben, dafür aber mindestens acht männliche. Die Männer wiederum wollten alle den Liebhaber spielen, die Probezeit mußte erotisch genutzt werden – welche Möglichkeiten! Wir stellten fest, daß die Weltliteratur schwachsinnig war. Kein Dichter hatte an uns gedacht.

Ein Drama mußte es sein, Lustspiele fielen gleich aus, sie waren uns zu oberflächlich, wir wollten unser Publikum erschüttern. Schließlich fiel unsere Wahl auf Schillers »Räuber«.

Bei der Rollenverteilung kam es zu den ersten Schwierigkeiten. Alle Männer wollten den edlen Karl Moor oder die Kanaille Franz spielen. Ein blitzgescheiter kleiner Jude, Walter Kobler, dem wir die Rolle des »Spiegelberg« zugedacht hatten, war empört: »Ich spiele nur den Karl Moor – oder gar nichts! Die Rolle ist mir wie auf den Leib geschrieben.«

Alle hatten es mit ihrem Leib, auf den nebbich der arme Schiller soll haben was geschrieben. Künstler drängen immer nach Rollen, die ihnen nicht liegen.

Es war hoffnungslos, wir zerstritten uns völlig und setzten das Stück wieder ab.

Aber die »Räuber« gingen uns nicht aus dem Sinn. Vierzehn Tage darauf fanden wir dann, es sei doch für uns das ideale Stück und jeder nahm die ihm zugedachte Rolle willig an.

Die Proben begannen und damit neue Kämpfe.

»Dieser Satz ist idiotisch – so kann ich das nicht sagen.«

»Dann dichten wir es eben bißl um.«

»Umdichten – Schiller? Bist du verrückt?«

»No, wenn schon! Der is doch tot, dem is es wurscht…«

»Aber mir nicht! Ich dulde das nicht!«

»Hab' dich nicht so mit deiner Eins in Deutsch, blöder Stucker!«

»Das lasse ich mir nicht gefallen!«

»Mein Gott, was regt ihr euch so auf. Wir streichen eben den Satz und fertig!«

Im Streichen wurden wir immer besser. Szenen, die wir nicht besetzen konnten, Sätze, die uns mißfielen – es wurde gestrichen und gestrichen. Durch die Kunst des Weglassens wurde Schillers ehrwürdige Gestalt bis zum Skelett abgenagt, was unserem Schilleranbeter mißfiel:

»Wenn ihr so viel streicht, bleibt von Schiller überhaupt nichts mehr übrig.«

»Ach was, mach kein solches Geseires mit deinem Scheißschiller! Du hast eben keinen Sinn für Genialität, weil du ein verkalkter Streber bist!«

»Jetzt reicht es mir aber – ihr kotzt mich an!«

Er stand auf und ging. Er war unser schöner, edler Karl Moor. Da saßen die Räuber nun ohne ihren Helden, ratlos. Wir beobachteten, daß er unten vor dem Hause auf und ab ging. Die Lage schien also noch nicht hoffnungslos, sie mußte nur gemeistert werden. Ich bekam den Auftrag: »Geh hinunter und hol ihn zurück – in dich ist er ja verschossen, der Trottel ...«

»Ist er gar nicht, ihr spinnt mal wieder!« Ich hatte keine Lust, gerade hier den Vermittler zu spielen, denn ich hatte diesen Burschen erst vor kurzem aus meiner Liebesliste gestrichen. Nun sollte ich ihm nachlaufen?

Aber eine Amalia von Edelreich – so hieß ich laut Schiller in den »Räubern« – kennt ihre Sendung. Ich ging, redete edel und reichlich und kam mit Karl Moor zurück.

Diese Begebenheit hatte den Künstlern gezeigt, wie wichtig man wird, wenn man beleidigt geht, und so wurde der große Abgang durch die Mitte immer attraktiver, und keiner ließ ihn sich entgehen.

Mir hing die Rolle des Friedensstifters bald zum edelreichen Halse heraus. Immer öfter mußte ich die vielen Stiegen hinunter und wieder hinauflaufen, immer neue Wendungen der Überredungskunst erfinden, und als einmal gleich drei Beleidigte fortgegangen waren, protestierte ich: »Ich habe es satt mit euch! Ihr seid keine Männer, ihr gehört in einen Kindergarten für Schwachsinnige!«

Zu Räubern darf man so etwas nicht sagen. Das nehmen sie übel. Sie taten es geschlossen. So blieb ich mit meinem Bruder auf Schillers Scherben zurück. Nun schrie er mich an: »Das kommt davon, wenn man mit Weibern Theater spielen will – alles wäre gut gegangen, wenn du mit deinem Gequatsche nicht alles verdorben hättest!«

So, das war also der Dank für meine Mühe! »Bitteschön, dann spielt euch eure Räuber allein. Mich seht ihr nicht mehr!«

»Die Amalia wollten wir sowieso streichen, die ist genauso eine Ziege wie du!«

Sofort fühlte ich mich wie der Hund, dem man seinen Knochen wegnehmen will. Jetzt ging es um meine Rolle. Ich schluckte seine Kränkungen herunter und blieb sitzen.

Da trat meine Mutter ins Zimmer: »Was ist denn hier los? Ich dachte, ihr habt heute Probe? Wo sind denn eure Räuber?«

»Die sind gerade alle beleidigt.«

»Und wo sind sie?« Sie sah auf die Straße hinunter. Da standen sie – das ganze Ensemble. Mitten unter ihnen Frau Absolonová, die gestenreich auf sie einredete. Sie hatte ja ein finanzielles Interesse am Zustandekommen unserer Aufführung, denn die bedeutete viele Zuschauer und zahlreiche Münzen für nur einmaliges Aufschließen.

»Frau Absolonová«, rief meine Mutter, »schicken Sie die jungen Herren herauf!"

Kurz darauf erschienen sie – der Hausdrache hatte befohlen. Frau Absolonová siegte immer.

Meine Mutter führte die rückfälligen Räuber in den Salon: »Ich mache euch einen Vorschlag. Ab heute probt ihr ohne Streit, und zum Abschluß jeder ungestörten Probe gibt es ein gutes Nachtmahl.«

Räuber sind verfressen. Die Aufführung wurde ein großer Erfolg.

Musikakademie

Seit meinem zehnten Lebensjahr hatte ich davon geträumt, Sängerin werden zu dürfen.

Nun, im Herbst 1934, war es endlich soweit: ich durfte mich in der Deutschen Musikakademie als Schülerin anmelden.

Träume sind etwas wunderbares. Wenn sie sich dann eines Tages erfüllen, sieht einen die Wirklichkeit mit leeren Augen an.

Zu diesen Ernüchterungen gehörte der Anblick meines künftigen Musentempels.

Die ganze Musikakademie bestand aus fünf düsteren Klassenzimmern im Parterre eines alten Mietshauses. Ein langer verwinkelter Gang, und an seinem Ende ein winziger Verschlag für die »Schülervereinigung«. Mich störte das alles keineswegs; ich hörte nur die Musik aus allen Klassenzimmern. Gesang, Klavier, Geigen, Bläser – und aus dem Schauspielzimmer schrie es: »Ha, Verruchte!« »Himmel, ich bin verloren!« »Du Metze!« Oder: »Weh mir!«, manchmal auch »Weh dir!« Weh wem auch immer – Schauspielerin wollte ich auf keinen Fall werden.

Unser Rektor war der Komponist Fidelio F. Finke. Wir spöttelten: »Fidelio Finke, Leonore Finke, Florestan Finke, erster Gefangener Finke...«

Er war mittelgroß und hatte eine spitze Nase, die alles zu wittern schien und die er auch neugierig in alles hineinsteckte. Seine kleinen, intelligenten Augen konnten sich wie Spieße in das zitternde Opfer bohren. Bei Prüfungen war er der Angsttraum aller Schüler. Aber man fürchtete ihn auch zu normalen Zeiten.

Er war Pfeifenraucher und benützte einen köstlichen, englischen Tabak, der seine Anwesenheit durch alle Räume hindurch verriet. Zeus, in seine Wolken gehüllt. Dieser Geruch mahnte zu größter Vorsicht.

Finke hatte einen unfehlbaren Sinn für geistige Lücken seiner Mitmenschen, und mit beißender Ironie stieß er unbarmherzig und vernichtend in sie hinein. Sicher waren vor ihm nur Schülerinnen, die sehr blond, sehr hübsch und sehr weiblich waren.

Am Tag der Aufnahmeprüfung stand ich mit etwa zwanzig Leidensgefährten vor der Türe der Klasse, in der die Prüfungen abgehalten wurden. Alle waren bleich und zitterten.

Ich nicht. Ich war bester Stimmung, platzend vor Tatendrang. Gleich würde ich diesem Fachpublikum zeigen, welch ein künftiger Stern ich war! Den anderen Sternchen redete ich Mut zu. Sie musterten mich skeptisch. Wer vor einer Prüfung nicht zitterte, war entweder von stinkender Arroganz oder geistesgestört...

Ich merkte das nicht und versuchte ihnen klarzumachen, welch große Zukunft nun endlich vor uns lag; die Opernhäuser der Welt warteten auf uns. Was für herrliche Rollen würden wir singen, mit den berühmten Partnern...

Ich redete und redete, und man wich schweigend vor mir zurück: eine Größenwahnsinnige.

Als ich dann endlich hereingerufen wurde und den gefürchteten Rektor vor mir sitzen sah – der mir überhaupt nicht imponierte, dieser Pfeifengott – und all die Professoren, war ich sehr befriedigt. Endlich keine Verwandten, sondern Wissende! So ein Publikum hatte ich mir schon lange gewünscht. Ich jubelte ihnen meine Arie vor, dann noch ein Lied von Schubert – und dann hieß es: »Danke – Sie hören von uns.«

War das alles? Ich war doch noch lange nicht fertig! »Sie hören von uns« – so etwas Dummes! Von mir, von mir sollten sie noch hören wollen, unersättlich sollten sie sein – mein Repertoire war unerschöpflich. War das der Beginn meines kometenhaften Aufstieges? Sie hören von uns? Du lahme Wirklichkeit mit deinen leeren Augen – sieh mich bloß nicht so kläglich an; ich habe keine Verwendung für dich.

Und dann hörte ich: ich war aufgenommen. No klar, nebbich, so eine Künstlerin wird sich doch keine Musikschule entgehen lassen!

Mein wahres Leben begann. Meine traumwandlerische Sicherheit hob mich bald in eine besondere Stellung, sowohl bei den Schülern als auch bei den Professoren, und dies nicht zu meinem Vorteil. Manche Schüler mieden mich als eine arrogante Angeberin. Und auch unter den Professoren waren einige der Meinung: »Die muß man hart anfassen und ihr erst einmal ihren Hochmut austreiben; die hält sich heute schon für weiß Gott was.«

Oh, wie falsch sie mich beurteilten! Bei Sängern liegt der glückliche Wahn und die vernichtende Verzweiflung ganz nahe beieinander. Der Glaube an sich selbst ist oft wie eine schillernde Seifenblase, die nur allzu schnell zerplatzen kann. Von Arroganz war bei mir keine Spur, nein, ich träumte nur...

Unseren Opernunterricht bekamen wir von dem Regisseur des Deutschen Theaters, Renato Mordo. Er war ein kleiner, ungemein temperamentvoller Jude mit einem Vogelgesicht, lebhaften Augen und kleingekrausten Haaren. Zunächst schien er aggressiv und tyrannisch, dabei war er voll Güte und Einfühlungsvermögen. Dieser Mann hatte ein sicheres psychologisches Gefühl, er wuß-

193

te um die inneren Schwankungen sensibler junger Menschen, wußte, daß die aufgesetzte Arroganz nur eine hauchdünne Schutzschicht war, und obwohl er den letzten Einsatz forderte, zerstörte er nichts.

Nur eines war ihm unerträglich: Gleichgültigkeit. Er hatte bemerkt, daß einige Opernschüler, die vor Dummheit nichts als singen konnten, von einer geradezu haarsträubenden Unbildung waren. Sie lernten stur ihre Arien und kümmerten sich sonst um nichts, weder um die Handlung einer Oper noch um deren Komponisten. Das reizte ihn zur Weißglut, und so gewöhnte er sich an, diesen schwarzen Schafen überaus peinliche Fragen zu stellen.

Dorothea Fechner war hübsch, zierlich und hatte eine schöne Koloraturstimme. Sonst hatte sie nichts, weder schauspielerische Begabung noch Temperament noch irgend etwas zu einem Denkvorgang Verwendungsfähiges im Kopf. Die Dummheit quoll ihr aus den großen Kinderaugen.

»Was singen Sie heute?«

»Die Arie der Gilda.«

»So. Wie heißt die Oper?«

»Die Oper? Was für eine Oper?«

»Die Oper, aus der Sie uns die Arie der Gilda vorsingen wollen.«

»Ach so«, sie lächelte, »ach so, die – die heißt Rigoletto.«

»Großartig! Und wer hat sie komponiert?«

»Komponiert? Mein Gott, ist denn das so wichtig...«

Sie war ärgerlich. Immer fragte dieser ekelhafte Mordo

sie so dummes Zeug. Der hatte was gegen sie, das war ihr klar. »Kann ich jetzt anfangen?«

»Nein, ich will erst von Ihnen hören, wer der Komponist ist.«

»Der Komponist...« Sie starrte vor sich hin und runzelte die Stirn. Man sah, wie es in ihrem geistigen Vakuum arbeitete. Plötzlich erhellten sich ihre Mienen: »Der Komponist heißt Puccini!«

»Danke – Sie dürfen nach Hause gehen. Und dort unterziehen Sie sich bitte der großen Mühe, einen Blick auf die erste Seite Ihres Klavierauszuges zu werfen. Dort pflegt der Name des Komponisten zu stehen.«

Dorothea Fechner war empört. Sie griff nach ihren Sachen, zischte etwas von »Dieser gemeine Kerl!« und verließ den Raum.

Ein anderes Mal wollte unsere »Hochdramatische«, Hilde Lindemann, die Hallenarie aus »Tannhäuser« singen.

»Sagen Sie mir, Fräulein Lindemann, wo spielt diese Oper?«

»Wo die Oper spielt?« Was war denn das wieder für eine getiftelte Frage!

»Ja, wo sie spielt. Ist diese Elisabeth eine Spanierin, eine Deutsche, eine Italienerin? In welchem Land spielt die Oper, es wäre doch ganz reizvoll zu wissen, wen man darstellt, oder?«

Hilde Lindemann schwieg beleidigt. Dieser Mordo war ein ekelhafter Widerling! Was der dauernd für blöden Kram wissen wollte. Diese Intellektuellen – mit denen hatte man nur Ärger!

195

»Nun, Fräulein Lindemann – haben Sie niemals, rein zufällig, einen Blick in Ihren Klavierauszug geworfen? Dann wüßten Sie nämlich, daß die Oper ›Tannhäuser‹ noch einen zweiten Titel hat. Wie lautet er?«

Wie lautet er – dummes Gequatsche. Pure Schikane von dem Mickerling! Das ließ sich die hochdramatische Hilde Lindemann nicht bieten: »Die Oper heißt Tannhäuser und ist von Richard Wagner, und jetzt möchte ich singen!«

»Das weiß ich – aber hier bestimme ich. Also, wie heißt der zweite Titel? Nun, ich werde es Ihnen sagen! Er lautet: Ein Sängerkrieg auf der Wartburg. Nun?«

»Was heißt nun?« fragte sie gereizt.

»Ich will von Ihnen hören, wo die Oper spielt.«

»Auf der Wartburg!« kam es schnippisch.

»Ja, das wissen wir nun. Und wo liegt die Wartburg – in welchem Land?«

Mein Gott, wo kann eine Burg schon liegen?

»Am Rhein!«

Wir hatten auch einige tschechische Schüler. Die Musikakademie hatte wegen ihrer hervorragenden Lehrer einen guten Ruf. Nun wollte eine Tschechin die Arie der Agathe aus dem »Freischütz« singen. Sie war groß, hatte herrliche, schwarze Haare und eine schöne Stimme – sonst aber war wenig Reizvolles an ihr, und dazu sprach sie ein schauderhaftes »Bemmischdeitsch«.

»Bitte, schildern Sie mir, in welcher Gemütsverfassung sich Agathe befindet, wenn sie diese Arie singt.«

»Gemietsfassung? No, is sich schlächt, Gemiet is zimmlich betrieblich. Wall das is so: die Aggate liebt dem Freischitz, wo heißt Max, und der muß morgen gut schissen, wall das muß sein, daß er sie kann heiraten. Und heit abnd is groses Bild am ihren Kopf gefalln und jetz sie wartet auf dem Max und sie hat Angst, wie wird morgen ausgähn das mit Schissen... Kann ich jätz singen?«

Wenn sie sang, ging es noch, peinlich wurde es nur, wenn sie dann die Dialoge dieser Oper sprach. Die »Freischütz«-Dialoge sind an sich schon schrecklich genug – aber dann in dieser Aussprache?

»Max, stäh nicht so in dich gekärt. Ich libbe Dich ja so innick. Wirdest du mir, ich dir äntrissen, o gäwwis, der Gram wirde mich täten.«

Der Gram würde auch Renato Mordo oft getötet haben, wenn er nur solche Schüler gehabt hätte. Für ihn war der operndramatische Unterricht an der Musikakademie oft eine Qual.

An mich stellte er niemals Fragen, und so hieß es bald: »Die Hübner ist sein Liebling.«

Das verstärkte sich noch, als er einmal sagte: »Fräulein Hübner und Fräulein Hahn, warten Sie bitte nach dem Unterricht, ich möchte mit Ihnen etwas besprechen.«

Mir klopfte das Herz bis zum Halse. Was konnte er wollen? Ich mochte ihn sehr und hatte das bestimmte Gefühl, es würde etwas Erfreuliches sein. Was allerdings nichts besagte, denn meine Vorahnungen standen in dieser Zeit immer auf »schön«.

Die anderen Schüler waren voll Mißgunst. Mordo war

bei ihnen zwar unbeliebt, aber zu einem persönlichen Gespräch nach dem Unterricht wären sie gern von ihm aufgefordert worden; er imponierte ihnen.

So trödelten sie am Schluß der Stunde im Klassenzimmer herum, um ihr Ohr an diesem Gespräch teilnehmen zu lassen.

Aber Renato Mordo saß lächelnd auf seinem Platz und wartete. Als alle endlich gegangen waren, sagte er: »Wollen Sie beide im zweiten Akt ›Tannhäuser‹ als Kerzenpagen mitwirken? Ich habe schon mit Herrn Finke gesprochen, Sie bekommen für die Proben Urlaub.«

Wir sahen ihn fassungslos an. »Im Tannhäuser? Im Deutschen Theater?«

Renato Mordo merkte wohl, daß wir ihm am liebsten um den Hals gefallen wären.

»Also dann bis morgen. Seien Sie pünktlich, Sie kommen um elf Uhr dran.«

Seien Sie pünktlich! Mein Gott, am liebsten wäre ich sofort ins Theater gegangen. Renato Mordo gab uns die Hand und lächelte uns mit väterlicher Freude an. Er mochte das, diese Begeisterung und dieses Engagement.

Yvonne Hahn und ich konnten den nächsten Tag kaum erwarten. Wir durften endlich auf der Bühne stehen, auf dieser herrlichen Bühne, mitten unter unseren »Göttern«, wir durften die wunderbare Kulissenluft atmen und das Theater durch den geheiligten Künstlereingang betreten, vor dem wir so oft begeistert auf einen unserer Lieblinge gewartet hatten. Der Himmel hatte sich geöffnet!

Die Probenzeit war wunderbar, und sicher hat die Theatergeschichte nie zwei konzentriertere Kerzenpagen erlebt. Wir lernten, mit würdigem Gesicht, die Kerze in der Hand, die große Treppe hinabzuschreiten, dann ging es über die beachtliche Weite der Bühne bis zum Thron des Landgrafen und der Elisabeth. Dort mußten wir den ganzen Akt über wie die Statuen stehen bleiben, zwölf Kerzenpagen insgesamt, zehn Mädchen vom Ballett und wir beide. Natürlich waren wir zwei überragend.

Meine Familie und alle unsere Bekannten gingen, wie sich denken läßt, in die Vorstellung. Meine erste Rolle im Deutschen Theater mußte miterlebt werden.

Alle fanden mich hinreißend, nur Frau Absolonová meckerte: »Da war ich gestrn extra wegen Sie im Tannheisa und ich wart und wart, no, denk ich, wann wird Fridinka singen. Alle singen und Sie – nix. Dazu gähn Sie auf Musikschul und dann stähn Sie auf Biehne mit Kerze, und gar nix...«

Obwohl Yvonne Hahn und ich erst im zweiten Akt auftraten, waren wir schon immer zu Beginn der Oper im Theater, weil wir es gar nicht erwarten konnten und uns in Ruhe auf unseren großen Auftritt vorbereiten wollten.

An einem eiskalten Wintertag hatten wir wieder »Tannhäuser«. Kaum hatten wir das Theater betreten, als sich schon zwei entnervte Garderobenfrauen auf uns stürzten: »Jesus, gut, daß ihr da seids! Schnell, schnell, uns haben zwei Bacchantinnen im Stich gelassen, ihr müßts das machen – psst, leise, sie spielen schon, der Vorhang wird gleich aufgehen, da müßts ihr schon draußen sein, beeilts euch, schnell!«

Sie redeten wie aufgezogen, schubsten uns hinter die Bühne, es war stockdunkel, wir sahen gar nichts, man riß uns die Kleider vom Leibe, warf uns schleierartige Gewänder über, sie waren wie Spinnengewebe, auf den Kopf stülpte man uns ekelhaft kratzende Perücken, und dann drängte man uns zu einer steilen Leiter: »Schnell – da rauf, auf den Felsen, und wenn der Scheinwerfer auf euch kommt, machts ihr bissl was mit den Armen. Schnell, es kommt gleich!«

Wir kletterten im Dunkeln die Leiter hinauf, man half uns von hinten nach und wir blieben mit unseren schweren Pelzstiefeln in den Spinngeweben unserer Kostüme hängen. Die Stiefel hatte man in der Eile übersehen. Beim Klettern fragte ich hinunter ins Dunkle: »Was sollen wir da machen? Mit den Armen?«

Aber man gab uns keine Auskunft mehr. Der Auftrag war erfüllt, zwei Bacchantinnen waren auf den Felsen kommandiert – das Weitere kümmerte keinen.

Aber uns! »Bissl was mit den Armen!« Was hieß das künstlerisch? Wir nahmen unsere Rollen ernst. Wie sollten wir so schnell den inneren Sprung vom Kerzenpagen zur Bacchantin finden? Wie die sich das vorstellten!

Als wir auf dem hohen Pappfelsen gelandet waren, wurde mir erst einmal schwindlig. Wir tasteten unser Gelände ab. Da ging der Vorhang auf, und ein roter Scheinwerfer fiel auf die Szene unter uns. Ah – da lag ja die Venus! Ziemlich dick, das Weib, und auch nicht mehr die Jüngste. Daß die dem Tannhäuser so gefiel! Und wie der da vor ihr lag, hingegossen – und dabei sah er nur auf den Kapellmeister. Feine Liebe.

Aber nun – Konzentration. Es kommt gleich, hatte man uns gesagt. Wir nahmen eine bacchantische Haltung an, wie es die anderen rund um das Lager der Venus taten, rückten unsere Perücken zurecht und streckten die Arme graziös und ballettbewußt in den Raum.

»Yvonne, deine Stiefel!« zischte ich.

Aus ihrem Schleiergewand kam ein schwarzer Stiefel heraus, ganz unbacchantisch.

Sie dankte leise und bedeckte ihn mit ihrem weiten Spinngewebe.

Gleich mußte der Scheinwerfer auf uns fallen, und dann wollten wir beweisen, daß wir nicht nur vollendete Kerzenpagen waren, sondern auch wie aus dem Venusberg schaumgeboren...

Aber es geschah nichts. Unser verführerisches Lächeln erstarrte, und die schwingungsbereiten Arme wurden lahm. Yvonne fing an zu kichern: »Wenn du sähest, wie blöd du aussiehst... Wie die Ophelia im letzten Akt!«

Ihr Kichern steckte mich an. Wann kam denn nun der dumme Scheinwerfer auf uns? Lange hielt ich diese unbequeme Stellung nicht mehr aus.

Die da unten sangen sich das Fett aus dem Hals, und wir kamen allmählich zu der Überzeugung, daß man uns vergessen hatte. Vielleicht hatte der Beleuchter von den beiden fehlenden Bacchantinnnen gehört und wollte keinen leeren Felsen anstrahlen.

»Das kommt sicher nicht mehr – sie sagten doch, es kommt gleich – das ist sicher schon vorbei«, tuschelten wir einander zu.

Und nach einer Weile begannen wir, es uns etwas gemütlicher zu machen auf unserer einsamen Höhe. Die Perücken stanken und kratzten so schauerhaft, daß wir sie abnahmen. Wir legten uns bequem auf den Bauch und betrachteten die anderen Bacchantinnen unter uns, die sich sündig in rotbeleuchteten Grotten wälzten.

»Albern sieht das aus! Guck mal, da hinten, die dicke Frau Novák...« Wir amüsierten uns köstlich.

Der Akt näherte sich seinem Ende, Yvonne setzte sich auf den Rand unseres Felsens und ließ die bestiefelten Beine herunterbaumeln...

Genau in diesem Moment fiel ein greller Lichtkegel auf uns. Zu Tode erschrocken zog Yvonne ihre Beine zurück, wir nahmen eine verführerische Haltung ein und wedelten bacchantisch mit den Armen, aber das Entsetzen hatte unsere Darstellungskunst gelähmt – wie das Flattern aufgescheuchter Hennen sah es aus. Diese Blamage! Kurz darauf erlosch das Licht, und bald fiel auch der Vorhang. Wir kletterten, so schnell wir konnten, von unserem schmachvollen Gipfel herab. Nur jetzt keinem Gewaltigen begegnen. Frischer Theaterzorn ist tödlich.

Kaum hatten wir die rettende Türe zu unseren Garderoben erreicht, da hörten wir es schon hinter uns donnern: »Was waren denn das heute für Obergänse auf dem Felsen! Wo habt Ihr denn die aufgeklaubt! So eine Blamage – schlimmstes Provinztheater.«

Ich war vernichtet. Provinztheater – das traf mich ins Mark. Dieses Wort war Gift für einen aufgehenden Weltstar. Mein sonniger Theaterhimmel hatte den ersten Blitz gegen mich geschleudert.

Damals ahnte ich noch nicht, wie sanft und harmlos er doch eigentlich war...

Macbeth

Renato Mordo hatte sicher von unseren bacchantischen Fehlleistungen erfahren, doch ließ er sich nichts anmerken; er mochte fühlen, wie mich dieses Erlebnis getroffen hatte. Immer öfter gab er mir Gelegenheiten, im Deutschen Theater mitzuwirken, bei herrlichen Aufführungen mit berühmten Gästen – ich war selig.

Manchmal waren es kleine Solorollen, manchmal wirkte ich im Chor mit, um ihn stimmlich und darstellerisch »aufzuhellen«.

So war es auch in Verdis »Macbeth«.

Hans Georg Schick, ein großer, schlanker, überaus sympathischer Mann, in den wir alle verliebt waren, leitete die Chorproben. Er war von unglaublicher rhythmischer Präzision, die Chorproben mit ihm waren ein Erlebnis, und man lernte viel bei ihm. Die Chöre in Macbeth sind schwer, und so genoß ich die Vielzahl der angesetzten Proben. Dann kamen die Bühnenproben. Széll dirigierte, Mordo führte Regie.

Musikalisch klappte alles hervorragend. Szenisch aber ist diese Oper voll Tücken. Alles ging schief, was nur schiefgehen konnte. Széll warf mit Flüchen und Kündigungen um sich – nichts half.

Nun kam die Generalprobe. Heute mußte es klappen. Alle waren nervös, gereizt und hektisch.

Dazu kam, daß Verdi, dieser ahnungslose Mensch, für die Oper »Macbeth« zwei gleich große Tenorrollen geschrieben hat, Malcolm und Macduff. Wußte er nicht, welche Katastrophen er damit in die Welt setzte?

Unser Heldentenor, Adolf Fischer, und unser Lyrischer, Kurt Baum, beide gewohnt, in ihren Fachopern der umjubelte Star des Abends zu sein, grüßten sich nur noch kühl und lenkten ihr ganzes Augenmerk darauf, in Kostüm und Maske den Rivalen zu übertrumpfen. Das gab den ersten Streit. Jeder fand, der andere wäre kostümlich bevorzugt. Das Problem war nicht zu lösen, denn sowie Mordo dem einen ein bißchen mehr Gold auf seinen Mantel zubilligte, beanspruchte der andere wütend die doppelte Menge für seinen.

Mordo schrie: »Ihr benehmt euch wie Generale!«

Dann kam die Szene bei den Hexen, in der die von Macbeth ermorderten Könige als Geister erscheinen müssen. Sieben Stück! Macbeth hat bebend zu singen: »Der erste... der zweite... der dritte... der vierte...«

Auf einer gespenstisch erleuchteten Brücke schritten die auserwählten Solostatisten langsam, in schimmernden Rüstungen, ermordet und würdevoll, dahin. Drei Könige. Der vierte erschien nicht.

Széll schrie: »Was ist denn? Wo bleibt denn der vierte König? Sind wir ausverkauft?«

Schweigen. Eine ganze, große Bühne voll schweigender Menschen. Totenstille, alle wie ermordet. Wenn Széll wütend war, war Schweigen das beste. Nur ihn jetzt nicht reizen.

»Inspizient!«

Der Inspizient, ein kleiner Tscheche, erschien kreidebleich und schlotternd. Er sah aus wie der vierte Verblichene, ein Häuflein Unglück.

»Wo ist der vierte König?«

»Bittäschän, der is nicht fertick.«

»Was heißt das? Sein Auftritt ist längst vorbei!«

»Bittäschän, weiß ich, abr viertr Kenig is auch erstr Kenig, und dem kriegen wir die Ristung nicht auf. Er steckt drin – hat sich was geklemmt – er geht nicht hinaus und geht nicht umziehen, wall steckt er…«

»Mordo – was soll das heißen? Sind wir hier in Komotau?«

Mordo war längst hinter die Bühne geeilt und verkündete: »Es ist alles in Ordnung, es kann weitergehen.«

Gut. Noch einmal von vorn: »Der erste, der zweite, der dritte…«

Diesmal fehlte der dritte. Es war schon ein Kreuz mit diesen Gespenstern. Széll schrie: »Inspizient, was soll denn das schon wieder! Der dritte war ja vorhin da, wo bleibt er diesmal? Müssen wir jedem eine gedruckte Einladung schicken?«

Der Inspizient schlich wie ein verprügelter Hund auf die

Bühne und stotterte: »Bittäschän . . . das is . . . das is, wall . . . der dritte is jetzt schon fertick, also fir den siebenten, er hat nicht gewußt, daß alles gäht noch eimal . . .«

»Mordo! Was sind das für Zustände! Wieso haben wir keine sieben Könige, das ist doch einfach grotesk!«

Das Deutsche Theater war immer in finanziellen Schwierigkeiten, und bei dieser aufwendigen Oper hatte man einige Könige einsparen wollen. An Gespenstern sollte man jedoch nicht sparen – sie rächen sich.

Man hörte Mordo hinter der Bühne organisieren, andere Kostüme wurden angeordnet. Széll saß an seinem Dirigentenpult, und man sah, wie jede verstreichende Sekunde seine Galle mit Dynamit auflud.

Dann ging es weiter, alles noch einmal. Diesmal klappte es. Und dann trat der arme, junge Sänger auf, der als Geist zu singen hat. Er war von dem langen Warten und der allgemeinen Nervosität so unsicher geworden, daß er recht klägliche Töne von sich gab.

»Herr Stanescu – ist das Gesang? In meinen Ohren ist das Scheiße in Wasserglas! Daß Sie unbegabt sind, weiß ich, aber daß Sie dazu auch noch stimmlos sind, ist mir neu!«

Der arme Stanescu hätte sich am liebsten von der Brücke gestürzt. Er war wirklich nicht sonderlich begabt, aber er hatte eine herrliche Stimme, und ausgerechnet die mußte ihm nun versagen. Bei der Wiederholung brüllte er alles in verzweifeltem Fortissimo.

»Halt! Sind Sie total schwachsinnig? Wir sind hier nicht

auf dem Jahrmarkt – Sie sind ein toter König. Was ich von Ihnen hören möchte, ist Gesang. Oder ist das zu viel verlangt?«

Ich kauerte als Hexe neben dem rauchenden Kessel und überlegte mir, in welche Klasse des Heldentums der Beruf des Sängers einzureihen sei.

Dann kam die Stelle, an der Macbeth singt: »Das Feuer erlischt.«

Aber unserem Dampf war nicht nach Erlöschen zumute – der Kessel dampfte munter weiter.

Diesmal schrie Mordo: »Inspizient – was ist mit dem Dampf?«

»Mit Dampf – bittä weiß ich nicht...«

»Er muß genau auf das Stichwort erlöschen.«

»Ja, bittä – weiß ich...«

»Und warum klappt es nicht?«

»Werrich bittä, fragen Maschinist.«

Er verschwand. Verschwinden war ihm in dieser Generalprobe der Katastrophen das angenehmste.

Nach einer Weile kam er, wieder um einiges geschrumpft, zurück. Wenn die Probe noch lange dauerte, würde nichts mehr von ihm übrig bleiben.

»Bittäschän, jetzt weiß ich. Maschinist sagt, er kann machen Dampf und er kann machen Dampf aus. Aber nicht auf Punkt. Wall sitzt Maschinist in Keller, wo is finster und hert nix von Musika. Er kann nur machen Dampf Schluß, wann glaubt, is fertig...«

Széll platzte! Er warf seinen Dirigentenstab voll Zorn und zielsicher auf den bleichen Menschenwurm. »Was heißt das: er glaubt! Mordo, so kann ich nicht arbeiten, bringen Sie das in Ordnung und rufen Sie mich, wenn diese Schmiere aus ihrem Provinzniveau herausgekommen ist!« Voller Zorn verließ er das Orchester.

Mordo war wie ein zerzaustes Wiesel über die Bühne geeilt, ein Korrepetitor wurde beauftragt, den Nachrichtendienst zum Maulwurf im Keller herzustellen, und seinen Glauben in präzises Wissen umzufunktionieren.

Nun wurde geprobt: Dampf aus, Dampf an, Dampf aus, Dampf an... Es nahm kein Ende. Wir kauerten müde, entnervt und verhungert um den fleißigen Kessel – würde denn diese Generalprobe niemals enden?

So war es schließlich vier Uhr nachmittags geworden, und man kam zum letzten Bild. Macbeth war endlich ermordet, mit ihm waren auch wir bald von allen Qualen erlöst und konnten nach Hause gehen. Ich kam um vor Hunger...

Die beiden Tenöre, Herr Fischer und Herr Baum, schritten als Sieger die Schräge hinab, der Rampe entgegen. Der Chor sang: »Der tapf're Held, er hat gesiegt...«

Da geschah etwas Unvorstellbares, in der Theatergeschichte Einmaliges. Der Tenor Kurt Baum trat an die Rampe und schrie: »Halt!«

Széll brach ab und sah ihn entgeistert an. Ich habe diesen immer souveränen Mann noch nie so erstarrt gesehen.

Alles sah in gelähmtem Entsetzen auf Kurt Baum, der da so gebieterisch an der Rampe stand. Der ganze Chor, die vielen Hilfskräfte in den Kulissen, die Gäste im Zuschauerraum – alles starrte in erschrockenem Schweigen auf diesen Tenor. Auch Renato Mordo kam schrekkensbleich nach vorn gelaufen, und der tote Macbeth erhob sich staunend aus seinem Blute. Was um Gotteswillen wollte dieser Irre? Wie konnte er es wagen, eine Generalprobe und noch dazu diese zu unterbrechen? Mußte man einen Nervenarzt holen, oder eine Zwangsjacke?

Alles sah auf Széll. Was würde er tun? Den Tenor erschießen?

Aber Széll war ein kluger Mann. Er wußte: Tenöre kann man nicht wie Menschen behandeln. Er lehnte sich leicht vor und fragte eiskalt und mit tödlicher Liebenswürdigkeit: »Würden Sie mir bitte sagen, was Sie wollen?«

»Ja – ich muß unbedingt wissen: der tapf're Held, von dem hier der Chor singt, der gesiegt hat, bin *ich* das, oder ist das Herr Fischer?«

Alles sah auf Széll – er war das Dynamit in diesem Hause. Széll lehnte sich zurück, sah Herrn Baum an und sagte: »Diese Diskussion ist überflüssig. Es ist völlig unwichtig, wer von Ihnen beiden der tapfere Held ist. Wir gehen weiter.«

»Nein, da irren Sie sich gewaltig! Für mich ist das sogar sehr wichtig. Mimisch gesehen. Wenn *ich* nämlich der tapfere Held bin, verhalte ich mich in Haltung und Mimik natürlich ganz anders, als wenn Herr Fischer das ist.«

Herr Kurt Baum hatte eine wunderschöne Stimme, aber sein Repertoire an Mimik war gering – jeder im Hause wußte das. Széll und Mordo tauschten einen kurzen

Blick: »Sie sind der tapf're Held – es geht weiter bei Buchstabe...«

»Nein!« schrie da in höchster Aufregung Herr Fischer. »Wieso ist *er* der tapf're Held? Das kann nicht stimmen, der Held bin *ich* – ich habe meine ganze Rolle darauf angelegt!«

O Verdi, du warst ein großartiger, ein genialer, ein gottbegnadeter Komponist, aber von Tenorenproblemen hattest du keine Ahnung!

Széll hatte seinen gesunden Zorn wiedergefunden und schrie: »Meine Herren, Sie werden jetzt sofort weitersingen, ganz gleich, wer von Ihnen der Held ist – mir ist das scheißegal, und wenn ich noch ein Wort von Ihnen höre, dann lassen wir die ganze letzte Szene im Dunkeln spielen, dann sieht kein Mensch ihre grandiose Heldenmimik. Es geht weiter!«

Die Tenöre erstarrten – verdunkelte Bühne? Diesem Széll war alles zuzutrauen, dem ging es ja ohnehin immer nur um seine Musik, die Bühne war ihm gleichgültig. Ein total unfähiger Mann, typischer Intellektueller – kein Komödiantenblut... Nein, verdunkelte Bühne, das ging nicht!

So schwiegen die beiden Tenöre, und jeder dachte insgeheim: wenn es auf der Bühne hell bliebe, würde das kluge Prager Publikum schon erkennen, wer hier der tapfere Held ist!

Kein Seufzer

Rückblicke in eine schöne, vergangene Zeit werden meist mit tiefen Seufzern geschrieben und enden auch so. Herbstlich, verweht, ohne Leuchten, mit einer schmerzenden Sehnsucht im Herzen.

Als ich mein geliebtes Prag im Jahre 1939 verlassen mußte, meinte ich, von einem Wagen mit vielen bunten Kränzen endgültig abgestiegen zu sein. Unwiederbringlich dahin die Zeit der fröhlichen Sorglosigkeit, das Geschenk der täglichen Lebensfreude, das Glück im Kreis besonderer Freunde... Alles schien mir für immer verwelkt; ein neues Blühen würde nicht mehr kommen. Meine Geliebte war mir verloren, ich sah mich verarmt. Aber es gibt kein Halten und kein Zurück.

Prag ist eine so herrlich lebendige Stadt! Sie schüttelt die Wehmut und die Seufzer ab, ihr Saft steigt immer wieder nach oben. Es gibt kein Ende – nur immer neue Wandlungen: alles ist Fließen und Bewegung.

Der geistige Reichtum dieser Stadt wird ihre Kinder immer wieder mit Glück beschenken, und sie werden ihn – o Ironie des Schicksals! – immer erst dann ganz begreifen, wenn sie ihn verloren haben. Ich habe Prag nicht wiedergesehen, aber ich gehe in Gedanken immer noch in seinen lieben alten Gassen herum, ein dankbares, glückliches Gespenst...

In den Jahren, als ich in Berlin lebte, wurde ich von Freunden und von meinen Kindern immer wieder ge- frotzelt: »Na, wie war denn das in deinem goldenen Prag? Wir wissen schon: dort war alles schöner, größer, bedeutender, amüsanter und überhaupt viel, viel besser.« Ja, was wissen diese Preußen schon von meinem alten Prag! Ich mußte dieses Buch schreiben, damit sie wenig- stens einen kleinen Schimmer davon bekommen, was diese Stadt mir an Unvergeßlichem geschenkt hat – al- lein schon die Gunst des Lachenkönnens und der geisti- gen Freiheit. Die Gedanken an Prag wirkten in bitteren Stunden wie eine sprudelnde Heilquelle; sie spendeten neue Kraft aus alten Wurzeln.

Eine glückliche Erinnerung ist wie ein milder Schleier, der alles seidig umfließt und uns einhüllt in ein zärt- liches Lächeln.

Nein, kein Seufzer bewegt mich, wenn ich an das tränen- reiche Lied denke, das Frau Absolonová aus ihrer herr- lich rührseligen, tschechischen Seele immer beim Stiegen- waschen sang:

Niemals kährt ihr wiiieder,
ihr Jugendliiieder!
Ihr schäääänen Zaiten –
wo seids ihr hiiin...

INHALT

Bücher von Amei-Angelika Müller

Amei-Angelika Müller

Pfarrers Kinder, Müllers Vieh

Memoiren einer unvollkommenen Pfarrfrau
360 Seiten, Leinen

Amei-Angelika Müller schildert witzig und mit viel Selbstironie ihre Anfänge als Pfarrfrau in der ersten Pfarrei ihres Mannes, einem kleinen Dorf im Schwäbischen. Und was sie im musealen Gemäuer des Dorfpfarrhauses erwartete, war wohl nur mit Humor zu ertragen.

Amei-Angelika Müller

Ich und du, Müllers Kuh

Die unvollkommene Pfarrfrau in der Stadt
384 Seiten, Leinen

Witzig-spritzig, gewürzt mit viel Selbstironie, schildert Amei-Angelika Müller ihre Erlebnisse und Erfahrungen in einer großen Stadtgemeinde. Von Pfarrers Eigenheiten ist die Rede, von Erziehungsmethoden und Kinderstreichen. Nicht zu vergessen aber ist ihr »Aufstieg« von der »oifachen« Pfarrfrau zum »Fernsehstar«.

Amei-Angelika Müller

Wilhelm Busch, das Fernsehen und ich

oder wie man »Alles und doch nichts« gewinnt
107 Seiten, Pappband

Im Untertitel dieses so liebenswert-gescheiten Büchleins ist gesagt, um welche »hochquotige« Sendung es geht bzw. ging. Und wer das alles damals nicht mitbekam, der wird hier mit Schmunzeln die Fernseherfahrungen der Pfarrfrau und Wilhelm-Busch-Expertin miterleben.

Weitere Bücher im Salzer Verlag

Friederike Hübner

Enzian für Nepomuk

Unser Urlaubsparadies Mieders
224 Seiten, Leinen

Urlaubsreise zu Urgroßvaters Zeiten! Dieser nostalgisch-humorvolle Ferienroman beginnt mit der Schilderung der Reise einer temperamentvollen Prager Familie. Dorf-Originale, heitere Urlaubstage und die Wandlung des verträumten Dorfes von einst in einen modernen Fremdenverkehrsort werden vor dem Hintergrund der Landschaft lebendig.

Friederike Hübner

Von Prag bis Huglfing

88 Seiten, Pappband

Die Prager Atmosphäre, geprägt von Künstlern, Bürgertum und tschechischen Marktfrauen mit ihrem »scheenen Bemmisch«, wird in diesem heiteren Bändchen ebenso lebendig wie der urwüchsige Charme in Friederike Hübners Wahlheimat Bayern.

Martha Arnold-Zinsler

Wenn ich's bedenk . . .

Eine schwäbische Wirtin erzählt
152 Seiten, gebunden

Ein Kaleidoskop voll knitzer Lebensweisheit – das sind die Erinnerungen und Betrachtungen der Lisabet Wunderle, ehemals Lammwirtin von Pfleimlingen auf dem Härtsfeld, die sie im Laufe fast eines ganzen Jahrhunderts zusammengetragen hat und mit denen sie einen tiefen Einblick in die Mentalität schwäbischer Bauern gibt.